novum pro

DORIS GRAF

SPIRITUALITÄT im Alltag und die KUNST des Lebens

novum pro

www.novumverlag.com

Bibliografische Information
der Deutschen Nationalbibliothek:

Die Deutsche Nationalbibliothek
verzeichnet diese Publikation in
der Deutschen Nationalbibliografie.
Detaillierte bibliografische Daten
sind im Internet über
http://www.d-nb.de abrufbar.

Alle Rechte der Verbreitung,
auch durch Film, Funk und Fernsehen,
fotomechanische Wiedergabe,
Tonträger, elektronische Datenträger
und auszugsweisen Nachdruck,
sind vorbehalten.

© 2013 novum publishing gmbh

ISBN 978-3-99026-678-6
Lektorat: Mag. Sandra Jusinger
Umschlagfoto: Doris Graf
Umschlaggestaltung, Layout & Satz:
novum publishing gmbh
Innenabbildungen: Doris Graf (32)

Die von der Autorin zur Verfügung
gestellten Abbildungen wurden in der
bestmöglichen Qualität gedruckt.

Gedruckt in der Europäischen Union
auf umweltfreundlichem, chlor- und
säurefrei gebleichtem Papier.

www.novumverlag.com

Inhaltsverzeichnis

Einleitung 8
In welchem Bewusstsein wollen wir leben? 12
Aufnahme von Licht/Erhöhung der Energie 16
Leben mit schweren, dunklen Energien 19
Geistige Führung 22
Freude leben 26
Liebe 30
Schwere in Körper und Geist 32
Ende oder Weiterleben einer Liebe/
Werde- und Sterbe-/Sterbe- und Werdephase 34
Sexualität 38
Krankheit und Schmerz 41
Verantwortung 43
Führung 46
Beenden 48
Vergeben 52
Wahrnehmen von Energien 56
Das Ende einer Beziehung, Bestimmung? 58
Das höhere Selbst 62
Suchen – Finden 64
Endgültiges Ende einer Beziehung 66
Sich vertrauensvoll öffnen 68
Sich einlassen 70
Erkennung des richtigen Weges/Führung 74
Gegenwart/Vergangenheit/Zukunft 78
Das Leben 80
Des Lebens überdrüssig sein 81
Wieso ändern wir
unbefriedigende Situationen nicht? 82
Vervollkommnung 84

Lebensnöte	86
Verbinden mit der göttlichen Ebene	88
Akzeptieren	92
Übernommene Muster	93
Lebensenergie tanken	96
Energetisches System ausgleichen	98
Verhalten von Süchtigen	101
Erkennen des Richtigen	104
Fortgeschrittenes Bewusstsein	105
Leben im Moment	108
Herbeiwünschen	110
Energien integrieren	112
Energetisches System reinigen	113
Erweckung des Dritten Auges	114
Heilen	116
Licht- und Farbenatmung	117
Vertrauen	120
Energie aufbauen	124
In die Leere gehen	125
Die Leichtigkeit des Seins und Verantwortung übernehmen	128
Dämonen in Form von Süchten	130
Schicksal	134
Blockaden auflösen mit Christusenergie	135
Immer wieder vertrauen	138
Dunkle Zeiten	139
Zeichen deuten	142
Gefangen in Situationen	143
Hoffnungslosigkeit	144
Menschen helfen	146
Kunst des Lebens	148
Im Fluss sein	149
Liebe kommt, Liebe geht	150
Vertrauen und nochmals Vertrauen	154
Zeitausdehnung	158
Rückfall aus der Mitte	160

Schlusspunkt einer Beziehung 161
Schlusswort................................ 162
Verzeichnis der Übungen 163
Verzeichnis der Bilder 164
Glossar 166

Einleitung

In diesem Buch lege ich ich aufgrund eigener Erfahrungen dar, wie Spiritualität im Alltag gelebt werden kann. In den einzelnen Kapiteln werde ich auf die zentralen Themen näher eingehen und gleichzeitig mit meinen gemalten Bildern sowie mit entsprechenden Übungen den Prozess und die Lektionen fördern und unterstützen. So können wir uns dem Licht nähern und wahres Glück, verbunden mit Spiritualität im Alltag, leben.

Ich werde den Bezug von der Theorie zur Praxis im Alltag herstellen. Eine gelebte Spiritualität im Alltag ist eine große Bereicherung. Dem Leser werden Rezepte an die Hand gegeben, die je nach Lebenssituation angewendet werden können. Diese können als Ratgeber oder einfach als Lebenshilfe dienen. Schlussendlich möge jeder seine Bestimmung und seinen eigenen Weg finden, der für ihn festgelegt worden ist.

Die einzelnen Kapitel sowie die Übungen sollen dazu dienen, gewisse Situationen besser zu verstehen, sich dem Leben zu stellen sowie zu mehr persönlicher Harmonie zu gelangen. Durch die vielen Lebensstationen werden wir wie Diamanten geschliffen, bis wir schlussendlich unsere gesamten Fähigkeiten erstrahlen lassen können. Gelingt es uns, hinter allem auch beide Seiten (vermeintlich Positives wie Negatives) zu sehen und eine Lektion für uns zu erkennen, können wir dieses Bewusstsein als unseren Wegweiser benutzen. Mögen viel Kraft, Stärke und Mut das Leben begleiten, sodass wir dem Licht und unserer Bestimmung näher kommen – dies als Einzelner wie auch als Gruppe – und immer mehr das Bewusstsein eines Lichtwesens erlangen.

Zum allgemeinen Verständnis geht es mir primär um das Aufzeigen, was Spiritualität beinhaltet. Spiritualität kommt von Spirit, sprich Geist. Umgesetzt heißt dies somit, dass in allem, was wir tun, Geist vorhanden ist. Je nach Reinheit gelingt es uns, mehr oder weniger Geist in die Handlungen im Alltag einfließen zu lassen. Ein Alltag ohne Spiritualität, also Geist, basiert auf einer sehr stofflichen Ebene und verliert das Licht und die Leichtigkeit des Seins. Wir fühlen uns schwer und allein statt aufgehoben. Durch die Verbindung mit der Spiritualität erhält unser Dasein Leichtigkeit und Licht. Die Aufgabe, die wir hier im Leben haben, ist, so viel Geist wie möglich aufzunehmen und durch uns fließen zu lassen, damit wir Lichtwesen werden. Dies ermöglicht uns, unsere Vorsehung ohne Umwege zu leben und uns dem ewigen Licht immer mehr zu nähern. Wir waren und sind Lichtwesen. Sobald mehr Geist und Bewusstsein für den eigenen Lebensweg vorhanden sind, wird das Leben leichter und schlussendlich ein Tanz mit dem Universum. Der Weg dazu ist manchmal lang und verlangt von uns Geduld. Doch sobald gewisse Erkenntnisse vorhanden sind, kann das eigene Bewusstsein zur Unterscheidung verwendet werden, was dem Weg des Lichts dienlich ist und was nicht. Die Lektionen dazu können von uns unendlich wiederholt werden, bis wir sie integriert und ein Stück Bewusstsein erlangt haben. Sobald genügend Bewusstsein vorhanden ist, haben wir unser eigenes System, welches uns wie ein Kompass den Weg als Ziel aufzeigt. Es braucht jedoch viel Vertrauen, den Weg dann auch zu gehen und uns vom Verstand zu lösen, welcher uns immer wieder Stolpersteine mit seinen bohrenden Fragen in den Weg legt. Die Welt, in der wir leben, bestimmen wir selbst. Das vorhandene Bewusstsein und die Umsetzung der gewonnenen Erkenntnisse daraus prägt die Welt. Zudem geht es auch darum, uns auf dem Weg von Verstrickungen und Glaubenssätzen sowie von Mustern zu lösen. Wir sollten den Glauben daran finden, was wir sind oder sein sollten. Es ist jedoch beruhigend zu wissen, dass alles, was uns umgibt, zu uns gehört und eine Spiegelung unseres Selbst darstellt. Ob im Guten oder vermeintlich Schlechten öffnen wir die Augen und erkennen unseren Weg, unsere Lektion. Dazu benötigen wir jedoch auch Achtsamkeit, die vorhandenen Signale zu erkennen. Je bewusster wir sind, desto besser erkennen wir die Deutung in allem, was uns umgibt. Bis zu diesem Zeitpunkt können wir uns jederzeit an Helfer wenden, die uns überall auf unserem Weg ein Stück begleiten werden. Diese Helfer sind aus der geistigen wie physischen Welt. Aus der physischen Welt sind es Menschen, die diese Lektion bereits gelernt haben, uns ihre Erfahrung weitergeben und den Weg aufzeigen können. Jedes Leben hält Lektionen für uns bereit. Die geistigen Helfer (z.B. Geistführer) können wir jederzeit um Rat bitten, auch sie helfen gern.

Wie lange wir in einer Lektion verharren wollen, ist unser freier Wille. Niemand zwingt uns zum Weitergehen. Manchen von uns fällt es leichter, sich am Altbekannten festzuhalten, statt das Unbekannte und Neue ins Leben zu lassen. Diese Angst loszulassen ist vielfach auch ein dazugehöriger Prozess. Häufig benötigen wir dazu Hilfe von außen, welche wir auch gern annehmen sollten. Die beruhigende Gewissheit ist jedoch, dass wir uns weder falsch entscheiden können noch ein falsches Leben wählen. Es ist immer unser Weg. Die Entscheidung, wann wir weitergehen wollen, bestimmen wir allein, und das ist auch gut so. Die Verantwortung liegt bei jedem Einzelnen von uns. Es bedeutet auch nicht, dass nach Abschluss einer Lektion das Leben leichter wird. Die geistige Welt hat – wie auch die physische Welt – ihre Gesetze. Mit jedem Weiterkommen ist mehr Verantwortung gefordert. Ein Primarschüler hat aufgrund der vorhandenen Fähigkeiten auch andere Aufgaben zu bewältigen als ein Student. Doch seid unbesorgt, die Aufgaben werden mit Voranschreiten des Weges auf jeder Ebene größer – parallel dazu jedoch auch die Ernte, sowohl auf der materiellen als auch auf der geistigen Ebene. Wichtig ist jedoch zu erkennen, dass uns materieller Erfolg ohne geistige Erkenntnis dem Licht nicht näher bringt und das nachhaltige Glück allein nicht in der Befriedigung der physischen Bedürfnisse liegt. Im Gegenteil, es kann uns immer noch mehr mit der physischen Welt verstricken und uns durch den Glanz blenden, sodass wir den wahren Glanz aus den Augen verlieren. Der Einbezug und das Verbinden von beiden Welten (physische und geistige) sind wichtig. Ein Leben der Spiritualität ohne physische Umsetzung bringt auch nicht die ersehnte Erleuchtung. Manchmal konzentrieren wir uns, bis die Vereinigung beider Pole stattfindet, auf die eine oder andere Welt. Das gehört zum Weg. Das wahre Glück und die Befreiung erfolgen jedoch beim Verbinden. Aber auch dies kann nicht forciert werden. Jede übersprungene Lektion wird uns einholen und uns auf den Weg zurückbringen. Aber seien wir gewiss, das Universum zeigt uns den Weg und begleitet uns mit unseren irdischen und spirituellen Helfern. Üben wir uns in Gleichmut und der Gewissheit, dass alles zur rechten Zeit kommt. Alles im Leben hat sein Licht und seinen Schatten, solange wir in der Dualität der physischen Welt leben. Das Einzige, was wir tun können, ist achtsam zu sein, die Zeichen zu erkennen und zu versuchen, in allen Situationen unser Bestes zu geben. Gehen wir unser Leben, unsere Lektionen mit Freude an. Freuen wir uns, dass wir Lernende sind, uns weiterentwickeln dürfen und das ewige Licht bereits hier auf Erde erfahren können.

An dieser Stelle möchte ich mich bei allen bedanken, die mich auf dem bisherigen Weg begleitet und unterstützt sowie zum Entstehen dieses Buches beigetragen haben. Der besseren Verständlichkeit und leichteren Lesbarkeit wegen habe ich teilweise nur die männliche Form erwähnt. Selbstverständlich gilt für alle Begriffe auch die weibliche Form.

In welchem Bewusstsein wollen wir leben?

Es ist uns überlassen, in welchem Bewusstsein wir leben wollen. Je nach Erfahrung und Ausrichtung leben wir in einem Bewusstsein, das uns behagt, und wir ziehen Lebensumstände an, die uns glücklich machen oder eben nicht. Falls wir uns entschließen, diese verändern zu wollen, haben wir die Möglichkeit, durch Auflösung von Blockaden uns und unser Leben zu verändern. Es gibt unterschiedliche Methoden, um dies zu realisieren. Alles ist in unserem Körper, in unserem Geist und in unserer Seele gespeichert. Je nach Blockade haben wir diesen oder einen anderen Filter unserer Wahrnehmung und fühlen uns glücklich oder nicht. Dieser Filter kann jedoch verändert werden, da er nur in uns selbst existiert. Er funktioniert wie eine Brille, durch welche wir unser Leben wahrnehmen. Verändern wir unsere Wahrnehmung, können wir wie durch eine andere Brille sehen und das Leben erscheint uns in einem anderen Licht. Die Lebensumstände und Menschen, die uns umgeben, entsprechen unserem Filter. Möchten wir etwas in unserem Leben verändern, fangen wir am besten bei uns selbst damit an. Bei dieser bewussten Entscheidung gelingt es, uns auf eine Veränderung auszurichten. Wir haben den ersten Schritt in die Veränderung vorgenommen. Doch seien wir uns auch bewusst, dass dieser Filter uns eine Sicherheit gibt. Wir werden durch diese Veränderung des Filters auch Teile unseres bisherigen Lebens loslassen müssen und neue Wege gehen. Es bieten sich aber neue Chancen und vor allem werden wir ein befriedigenderes Leben in größerer Harmonie führen können. Es kann aber auch sein, dass Menschen und Umstände sich in unserem veränderten Ich auch entsprechend ändern und sie weiterhin in unserem Umfeld bleiben. Der nächste Schritt zur Realisierung unseres Vorhabens wird sein, die für uns richtige Methode anzuziehen, um unsere Blockaden, sprich unseren Raster, verändern zu können. Wir werden uns auch genügend Zeit einräumen müssen, damit wir ohne Druck die Veränderung bei uns geschehen lassen können. Wir durchlaufen einen Prozess, bei welchem wir weder die Zeit noch das Ergebnis abschätzen können. Doch die Anstrengung ist es in jedem Fall wert, in Angriff genommen zu werden. Es bringt uns besser in Fluss und somit näher zu einem befriedigenderen und harmonischeren Leben. Gehen wir diesen Prozess mit Freude an und geben wir damit auch unserer Umwelt und unseren Mitmenschen die Chance, sich durch unser neues Verhalten ebenfalls zu verändern.

Aufnahme von Licht/Erhöhung der Energie

Um mit den geistigen Wesen sowie auch mit den Verstorbenen in Kontakt treten zu können, muss unsere Energie erhöht werden. Es soll jedoch nicht forciert werden. Geistige Wesen können angerufen und um Hilfe gebeten werden. Sie haben die Fähigkeit, sich unserer Energie anzupassen und mit uns zu arbeiten, um auf eine nächste Energieebene zu gelangen. Sie können unsere Helfer sein, wenn wir ihre Hilfe erbeten. Manchmal ist auch ein physischer Helfer nötig, der uns in dieser Entwicklung wertvolle Unterstützung bieten kann, bis wir das entsprechende Bewusstsein erlangt haben, um den Weg selbst weiterzugehen.

Um mit Verstorbenen in Kontakt zu treten, benötigen wir ein schon erweitertes Bewusstsein. In der Regel können Verstorbene nur auf ihrer geistigen Ebene kommunizieren und wir auf unserer. Wir haben keine Verbindung mit ihnen, da die Energiedifferenz zu groß ist. Falls wir bereits das nötige Bewusstsein haben, können Verstorbene mit uns aber Kontakt aufnehmen. Unser System ist in solchen Momenten fähig, die Energie automatisch zu erhöhen, sodass ein Kontakt zustande kommt. Es sollte jedoch von uns weder forciert werden noch sollten wir die Ruhe und den Weg der Verstorbenen stören. Manchmal kommt es jedoch vor, dass sie uns etwas für die Hinterbliebenen in der physischen Welt übermitteln wollen. Zudem wollen sie uns auch unterstützen, damit wir unseren Weg besser gehen können. Bei Liebesbeziehungen, bei denen einer der Partner gegangen ist, kann der Verstorbene durch seine Präsenz dem Hinterbliebenen Trost und Kraft beisteuern. Vom Hinterbliebenen kann diese Präsenz bewusst oder unbewusst wahrgenommen werden und ihm helfen, die Trauerphase besser zu überbrücken. Die Liebe stirbt nicht mit der Aufgabe des physischen Körpers. Es findet nur eine Transformation in die geistige Ebene statt. Je bewusster die Partner sind, umso besser kann der Kontakt stattfinden und die Energie aus der geistigen Welt wahrgenommen werden. Wenn die Person schon vor dem Sterben ein erweitertes Bewusstsein erlangt hatte, wird die Wahrnehmung der Energie nicht viel anders sein als im physischen Leben. Es ist jedoch wichtig, den Körper auf die jeweiligen Anforderungen des Lebens einzustellen und nicht immer in der gleichen Bewusstseinsebene zu leben.

Kontakte mit der geistigen Welt sind nicht immer vonnöten, sodass sich unser System für tägliche Aufgaben in der physischen Welt sehr wohl auch in sehr physischen Ebenen befindet. Das Erkennen von solchen Wechseln und auch die Vornahme sind sehr wichtig, da wir sonst eine Beeinträchtigung unseres täglichen Lebens erfahren würden und die an uns gestellten Aufgaben nicht mehr bewältigen könnten. Wir wären sonst zu abgehoben. Die Aufgabe auf dieser Erde ist umzusetzen und man hat sich den täglichen Anforderungen zu stellen. Je besser wir mit der Erde verwurzelt sind, desto stärker können wir unser geistiges Bewusstsein fördern. Die Ebenen des Verstandes und der Gefühle sind weiterhin als Werkzeug zu benutzen. Als zusätzliche Dimension kann die geistige Welt einbezogen werden, die uns den Weg zu unserer letztendlichen Bestimmung zeigt und die uns schon auf Erden ein Stückchen Paradies leben lässt. Alles zu seiner Zeit. Die Kunst ist der Balanceakt der verschiedenen Ebenen. Unser Körper ist unser Instrument, der je nach Verfassung eine größere oder kleinere Menge an Energie der geistigen Ebene zulässt. Die Energieebene manifestiert sich in den Energiezentren des Menschen. Diese Energiezentren unterstützen sich und sind im Idealfall pulsierende, sich ergänzende Zentren. Diese können durch gezielte Übungen gefördert werden. Dazu gibt es das Yoga, das Tai Chi und etliche andere Methoden. Es liegt an uns, das Richtige zu finden und anzuwenden.

Die Kraft der Gedanken und Worte ist jedoch auch nicht zu unterschätzen. Andauerndes negatives Denken und Kommunizieren beeinträchtigt unser ganzes Energiesystem und unser Körper wird mit der Zeit erkranken. Um negatives Denken und Kommunizieren aufzulösen, ist das dahinterliegende Muster zu erkennen. Solange wir jedoch negative Gedanken hegen und ausdrücken, ist an der Auflösung des Musters zu arbeiten, um ein Erkranken zu vermeiden. Je größer das Bewusstsein wird, desto besser können wir wahrnehmen, wie Gedanken und Worte auf uns wie auch auf andere wirken. Es kann auch unterschieden werden, wann gewisse Worte nötig sind, auch wenn sie nicht harmonisch sind. Manchmal übernehmen wir die Aufgabe, für unsere Mitmenschen als Spiegel zu dienen, damit diese wiederum die Auswirkung ihres Handelns verstehen. Mit größerem Bewusstsein sollten wir jedoch erkennen, wann wir als Spiegel dienen und dies, falls wir das wollen, bewusst auch leben. Dies hat mit der Resonanz zu tun, die wir – sobald wir uns auf der empathischen Ebene befinden – wahrnehmen. Vielfach ziehen sich Menschen nach genau diesem Resonanzprinzip an. Jeder nimmt die Rolle wahr, die ihm hilft, sein Muster zu erkennen, jedoch in der sich ergänzenden Rolle – so wie es keinen Täter ohne Opfer gibt. Auch hier gilt es, bewusst seinen Part zu erkennen und daran zu arbeiten. Es ist ein Unterschied, ob wir freiwillig in diese Resonanz gehen oder völlig unbewusst unseren Part spielen.

Leben mit schweren, dunklen Energien

Gewisse Situationen wie auch Menschen bewirken eine schwere Ebene. Das Licht verschwindet und wir befinden uns in einer Ebene von Schwere, Dunkelheit und melancholischen Gedanken. Diese Gedanken nähren sich von der dunklen Ebene. Situationen voll von dieser schweren Qualität werden angezogen. Wir fühlen uns dumpf, energielos und unser ganzes Leben verwandelt sich in einen mühsamen Kampf. Jegliche Leichtigkeit ist verschwunden. In dieser Situation ist es wichtig zu erkennen, dass wir uns wieder mit lichtvollen Dingen umgeben sollten, um diese Schwere zu überwinden. Die Natur kann uns hier ein großer Helfer sein. Zudem haben wir die Möglichkeit, uns visuell ganz bewusst mit Licht aufzufüllen, sodass das Schwere und Dunkle weicht. Es kann sich sogar auf den Körper auswirken. Alles scheint zu drücken und verursacht manchmal sogar körperliche Beschwerden. Eine entsprechende Lichtübung lässt sich wie folgt umsetzen:

Wir setzen oder legen uns möglichst an einem ruhigen Ort hin. Schließen wir die Augen und fokussieren in unserem Geist, dass wir langsam von oben aus dem Universum beim Einatmen Licht aufnehmen, indem wir unsere obere Schädeldecke (Kronenchakra) öffnen und dieses Licht mit seinen ganzen Strahlen zuerst durch unseren Kopf, langsam weiter durch unseren Oberkörper, Arme, Unterkörper und Beine mit dem Ausatmen durch den ganzen Körper gleiten lassen. Nehmen wir wahr, wie wir immer mehr dieses Licht werden und sich langsam eine Leichtigkeit in uns breit macht. Spüren wir in unseren Körper und bestimmen selbst, wie viel Licht wir benötigen, um uns wieder leicht und frei zu fühlen. Machen wir vielleicht zwischendurch eine Pause, indem wir ruhig atmen. Haben wir das Gefühl, noch nicht genug Licht aufgenommen zu haben, so wiederholen wir die Übung. Wichtig ist, den Körper bewusst wahrzunehmen. Wo hat es noch schwere und dunkle Stellen? Das Universum hält unendlich viel Licht für uns bereit. Spüren wir auch wieder die Ruhe, die sich in unserem Geist ausbreitet. Wiederholen wir diese Übung, so oft wir das Bedürfnis verspüren. Mit der Zeit wird sich der Körper an diese Leichtigkeit gewöhnen und auch schwerer aus dieser höheren Energieebene fallen. Der Organismus gewöhnt sich an diesen Energiepegel. Das ganze Leben richtet sich mehr nach dem Licht aus. Es werden auch vermehrt lichtvolle Ereignisse und Situationen angezogen. Mit mehr Übung spielen der Ort und die Ruhe sowie das Augenschließen keine wesentliche Rolle mehr.

Ich wünsche euch bei dieser Übung viel Licht und Freude. Es können auch lichtvollere Wesen aus der geistigen Welt angezogen werden.

Geistige Führung

Wir haben die Möglichkeit, bei Problemen oder auch nur bei reinen Wissensfragen und Situationen, in welchen wir Beistand benötigen, unseren geistigen Führer oder unsere geistige Führerin anzurufen. Jeder Einzelne kann in sich gehen und anfangen, diese Anrufung zu machen. Mit der Zeit werden wir erkennen, ob unser Führer männlich oder weiblich ist. Dies ist jedoch im Endeffekt unwesentlich. Es ich wichtig, dass wir mit ihm reden und sagen, was wir von ihm erwarten. Aus meiner jahrelangen Erfahrung habe ich festgestellt, dass er oder sie immer da ist, um uns zu unterstützen und zu helfen. Bei ganz schwierigen Situationen können die geistige Führung und Gott für das Göttliche angesprochen werden. Selbstverständlich können wir jederzeit beten. Die Anrufung unseres Geistführers oder unserer Geistführerin ist von der Religionszugehörigkeit unabhängig. Auf der höchsten Hierarchieebene steht das Göttliche. Ob wir dieses zum Beispiel Gott oder Allah nennen, ist von unserer Religionszugehörigkeit abhängig. Dadurch, dass alles Wissen auf der geistigen Ebene existiert und jede Person einem göttlichen Plan untersteht, ist das Wissen auch jederzeit abrufbar. Die geistige Führung bildet das Bindeglied zwischen der materiellen physischen und der geistigen Welt. Mit dieser Hilfe gelingt es uns, eine Situation oder ein Problem dank des göttlichen Einflusses zu einer bestmöglichen Lösung zu führen. Dies vor allem auch unter Berücksichtigung der Gesamtsicht.

Aus der physischen Sicht sehen wir in der Regel nur die momentane Situation, welche aufgrund der fehlenden Gesamtsicht nicht immer nach der gleichen Lösung verlangt. Damit wir jedoch für uns nicht immer logisch nachvollziehbare Impulse aus dem Göttlichen umsetzen können, ist von uns ein großes Vertrauen gefordert. Je öfter wir das Göttliche hinzuziehen, desto klarer können wir auch feststellen, dass die göttlichen Impulse wertvoll und Lösungen – auf eine längere Zeitspanne betrachtet – richtig waren. Schlussendlich sind wir in unserer höchsten Ausrichtung auch göttlich. Solange wir jedoch einen Körper haben, sind wir auch menschlich, was das Leben nicht immer einfacher macht. Jedes Streben verlangt seine Bedürfnisbefriedigung. Der Körper will genährt und auch mit seinen sonstigen Bedürfnissen wie Atmen, Schlafen und anderem wahrgenommen werden. Auf dieser Welt geht es darum, das Göttliche zu leben, d. h. in den Alltag einfließen zu lassen und seinen Handlungen eine sinnvolle Ausrichtung zu geben. Würden wir uns nur nach unseren körperlichen Bedürfnissen ausrichten, käme das Göttliche zu kurz. Wir würden mit der Zeit dumpf und schwer und die Schwerkraft würde uns nach unten ziehen. Das Göttliche in uns bewirkt, dass wir hell und leicht werden und nach Erhabenem streben. Doch ohne die Verwurzelung und das Bodenständige sind wir nicht mehr in der Lage, das wirklich umzusetzen und dem Göttlichen eine Form zu geben. Deshalb sind wir gefordert, im Weltlichen verhaftet zu sein und uns gleichzeitig dem Göttlichen zu öffnen. Mit dieser Ausrichtung werden wir immer mehr auch zu göttlichen Wesen, welche sich durch eine innere Klarheit dem paradiesischen Zustand nähern und diesen erfahren können. Die Aufgaben nach dem göttlichen Plan sind im Gesamtgefüge für jeden von uns anders. Wenn wir uns nach dem Plan entwickeln und ihm folgen, werden wir unserer Bestimmung gerecht. Manchmal sind für unser Wachstum und auch für das von anderen dunkle und schwere Zeiten nötig. Die Seele hat zum Ziel zu wachsen. Manchmal kann ein dunkler Zustand auch über mehrere Leben nötig werden. Wie lange wir brauchen, um in unserem göttlichen gedachten Plan voranzukommen, ist allein abhängig von unserem freien Willen. So gesehen sind wir immer auf dem richtigen Weg und auch immer von den richtigen Menschen und Situationen umgeben. Durch das Menschsein gelingt es uns häufig nicht, alle Faktoren bei Problemen und Entscheidungen einzubeziehen. Die göttliche Führung kann uns hier eine große Stütze sein, damit wir auf dem optimalen Weg unseren göttlichen Plan vollenden. Die göttliche Wertung unterliegt anderen Gesetzen als denjenigen, welche hier auf der Erde und je nach Kulturkreis gelten. Dies bedeutet Gerechtigkeit für alle. Ein Leben mit vielen weltlichen Errungenschaften ist nicht automatisch unter geistiger Betrachtungsweise als erfolgreich zu werten. Nach unserem Ableben können wir auch nichts mitnehmen, was aus materiellen Dingen besteht. Die Höherentwicklung des Menschen richtet sich nach geistigen Werten, welche unabhängig vom weltlichen Stand gelebt werden können. Es ist jedoch auch nicht so, dass weltliche Werte die geistigen verhindern. Wichtig ist zu erkennen, dass wir uns mit keinen Werten auf der Welt identifizieren sollten. Dies würde die göttliche Ausrichtung verhindern. Sobald wir zur Befriedigung weltlicher Bedürfnisse unsere göttliche Ausrichtung vernachlässigen und sogar vergessen, werden wir immer mehr zur Materie, welche uns mit der Zeit auch beherrschen wird. Die Kunst ist, auf dieser Welt, aber nicht von dieser Welt zu sein. Das wahre Glück und Paradies liegt in unserer Göttlichkeit. Es hängt jedoch von uns selbst ab, nach welchen Werten wir uns ausrichten. Zusammenfassend kann gesagt werden, dass wir unserem göttlichen Plan folgen sollen, egal ob dies weltlicher Reichtum oder Armut ist, maßgebend sind die dahinterliegenden zu lernenden Lektionen, damit wir göttlich wachsen können.

Bei der Kontaktaufnahme mit der geistigen Führung können ihr direkt Fragen gestellt werden. Für Ungeübte mag es nötig sein, sich für erste Kontakte in einer ruhigen Umgebung hinzulegen, um mit der geistigen Führung zu reden und Fragen zu stellen. Mit der Zeit können die Antworten vom eigenen Denken unterschieden werden. Es ist jedoch auch jederzeit möglich, in schwierigen Situationen seinem geistigen Führer oder seiner geistigen Führerin zu sagen, sie solle die bestmögliche Lösung herbeiführen. Mit der Zeit werden wir feststellen, dass wir uns vertrauensvoll an diese geistige Führung wenden können. Welchen Namen wir dieser Führung geben, ist unwesentlich. Es sollte jedoch das Lichtvolle und nicht das Dunkle angesprochen werden.

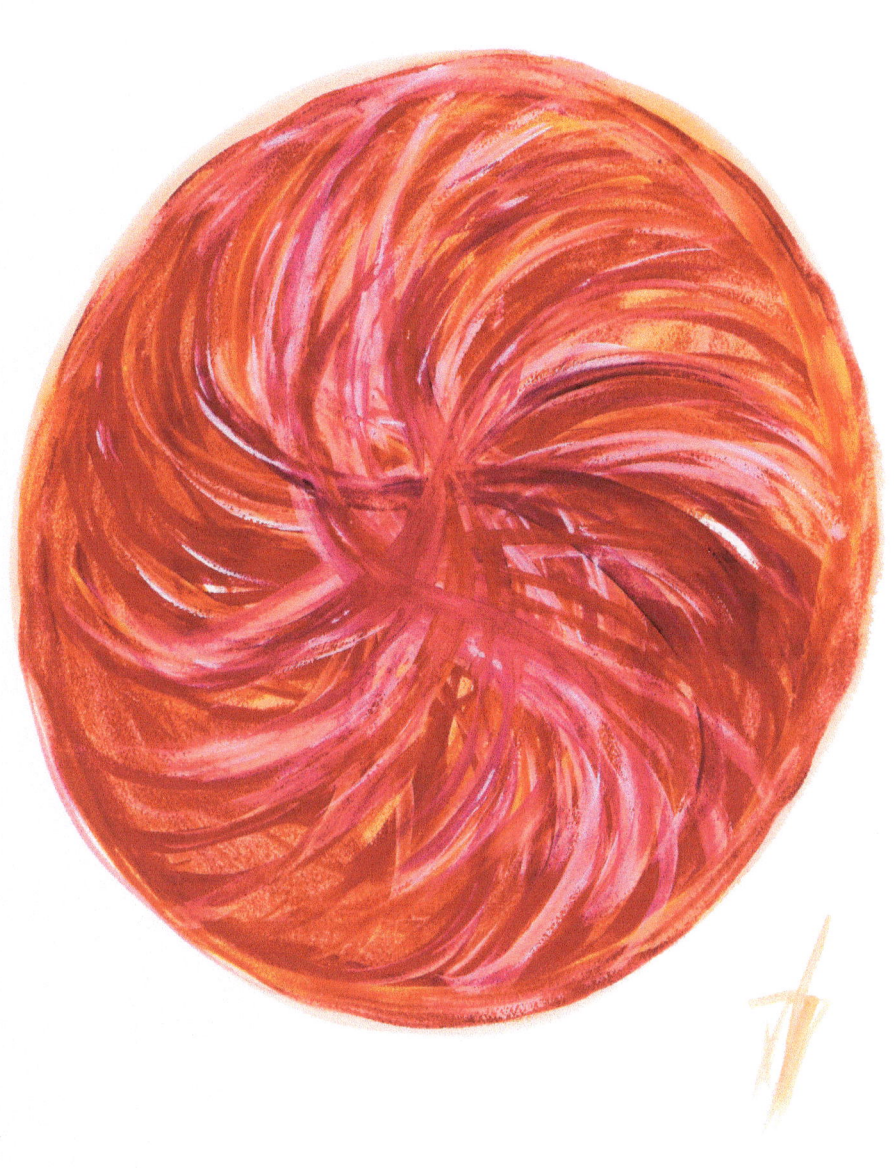

Freude leben

Es ist sehr wichtig, Freude auszudrücken und zu leben. Die Leichtigkeit des Seins ergibt sich manchmal völlig mühelos. Diese Zeiten geben uns die Kraft für Phasen, die geprägt sind von schmerzvollen Lektionen. Diese Ebene kann mit dem paradiesischen Zustand verglichen werden. Probleme sind weit entfernt und wir können das Leben in vollen Zügen genießen. Wenn wir jedoch nicht von äußeren Lebensumständen abhängig werden wollen, können wir diesen Zustand in uns aufnehmen und jederzeit abrufen. Dieser Zustand ist überall vorhanden. Vielfach verunmöglichen wir jedoch diese Leichtigkeit durch das Kreisdenken, welches uns immer wieder mit Problemen und möglichen Lösungen beschäftigen lässt und uns nicht ermöglicht, uns frei und glücklich zu fühlen. Wenn wir lernen, diesen Zustand jederzeit abzurufen und uns hineinzuleben, können sich unser Körper und Geist viel besser entspannen. Dieses Loslassen erfordert jedoch wiederum das Vertrauen, dass schlussendlich eine göttliche Fügung vorhanden ist. Deshalb lassen wir die Sorgen und konzentrieren uns auf uns beglückende Dinge und Umstände. Freuen wir uns am Kleinen. Wenn wir dies erreichen, lassen wir uns auch nicht mehr von nicht erfüllten Erwartungshaltungen hinunterziehen. Wir lernen, mehr und mehr die schönen Dinge des Lebens zu erkennen. Unser Fokus verändert sich mit der Zeit immer mehr und es gelingt uns, mehr Freude zu empfinden und aufzunehmen. Entscheiden wir uns heute und jetzt, mit Freude und in der Freude zu leben und es auch auszuhalten. Das Leben geht mit jedem Tag mehr vorbei und wir nähern uns unweigerlich dem Punkt des Todes, welcher einen Übergang und das Loslassen des physischen Körpers bewirkt. Doch bis zu diesem Zeitpunkt können wir entscheiden, ob wir leidgeplagt oder freudvoll leben wollen. Jedes Leben beinhaltet Lichtpunkte, die es ermöglichen, Kraft zu tanken. Lösen wir uns mehr und mehr von Gedanken, die verhindern, dass wir in Freude leben. Werden wir unabhängig von den Umständen des Lebens. Der Geist steht über der Materie. Somit liegt es an uns, unseren Geist auszurichten und zu pflegen. Betrachten wir ihn als Garten, den es zu pflegen gilt. Entfernen wir das Unkraut, sodass die schöne Blumenpracht sich entfalten kann und eine Quelle der Nahrung für unsere Umgebung wird. Lassen wir die guten Energien ausströmen und verbinden wir uns mit dem Lichtvollen, damit das Schwere und Dunkle von uns abfällt, sodass wir selbst das Dunkle mit unserem Licht durchdringen können. Entscheiden wir uns heute, ein Leben in Freude und Glück zu leben. Wenn wir dies nicht gewohnt sind, kann uns dies auch Angst bereiten, da alles Unbekannte Angst macht. Das Festklammern an gewohnten Mustern vermittelt uns paradoxerweise gleichzeitig ein bekanntes Gefühl. Lernen wir, diese Muster zu erkennen und loszulassen, sodass wir Freude und Glück aushalten und sich unsere angelegten Samen wie Blumen entfalten können. Werden wir uns bewusst, dass wir göttliche Wesen sind und nach dem göttlichen Plan dem Licht zustreben. Dazu müssen jedoch die Verdunkelungen vor dem Licht nach und nach aufgelöst werden, damit wir die Wolken vorbeiziehen lassen können und das Licht unser Leben durchstrahlt wie die Sonne. Die gesamte Umwelt, die uns umgibt, ist ein Spiegel, der uns den Weg weist. Lernen und erkennen wir die dahinterliegenden Lebensprinzipien. Das Leben ist wundervoll. Lassen wir uns nicht niederdrücken. Erheben wir unseren Geist. Breiten wir unsere geistigen Flügel aus und lassen wir uns beflügeln. Gehen wir inspiriert durch das Leben.

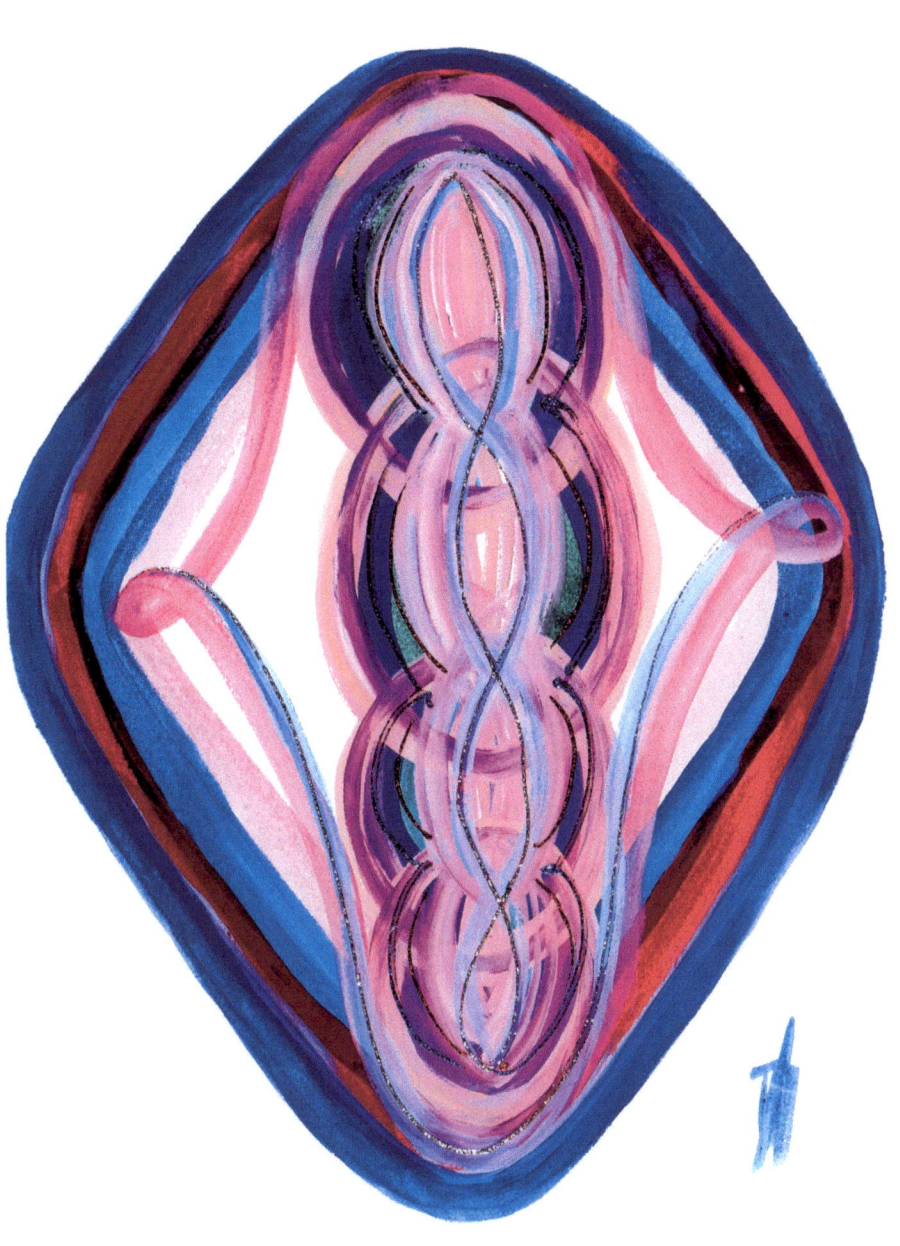

Liebe

Liebe entsteht aus dem Wunsch der Seele zu wachsen. Liebe hat ihr eigenes Energiepotenzial. Liebe kommt und geht. Liebe lässt sich nicht festhalten. Gäbe es keine Liebe, würden wir uns zum Teil nicht freiwillig mit uns völlig anderen Persönlichkeitsstrukturen auseinandersetzen. Die Liebe verbindet Menschen, die grundsätzlich ohne Liebe nicht zueinanderfinden würden. Liebe lässt sich nicht mit dem Verstand erklären. Wenn sie da ist, lässt sie sich mit einem magischen Moment erklären. In diesen Momenten spricht die Seele zu einer anderen Seele mit ihrer eigenen Sprache, die nur diese beiden Menschen verstehen. Liebe ist die stärkste Kraft. Mit Liebe lässt sich das Unmögliche möglich machen. Sie lässt die Menschen über sich selbst hinauswachsen. Jede Liebe hat den Anfang und das Ende in sich – wie jedes Lebewesen auf dieser Erde auch. In der geistigen Welt ist der Liebe keine Grenze gesetzt, jedoch ohne physischen Körper. Liebe kennt keine Distanzen. Die Kraft der Liebe kann überall hin gelenkt und verströmt werden. Es ist eine starke und lichte Kraft. Jede Liebe hat auch ihr entsprechendes Energiepotenzial, das gelebt werden will. Der Mensch kann sich dagegen wehren, die Liebe jedoch verschwindet nicht. Es bleibt in der Macht des Menschen, ob er sich für oder gegen diese Liebe entscheidet. Liebe ist überall und doch können wir auf der physischen Ebene nicht alle Menschen gleich lieben. Je reiner und klarer wir in unserer Entwicklung sind, desto reiner und klarer ist unsere Liebe. Liebe verlangt Hingabe an die Liebe selbst. Liebe kann auch Angst auslösen, wenn das Gefühl der Hingabe ein Verlust der Individualität bedeutet. Hingabe ist nicht gleichbedeutend mit Selbstaufgabe. Der Mensch hat trotz Liebe die Aufgabe, zu sich und zu seinen Neigungen zu stehen. Ein Sich-Anpassen bis zur Selbstaufgabe fördert mit der Zeit Hassgefühle und lässt die negative

Seite der Liebe zum Ausdruck kommen. Der Schatten der Liebe ist Hass. Dieses Gefühl beinhaltet die Zerstörung von sich selbst und auch von anderen Personen.

Liebe fördert und lässt sich und die geliebten Personen wachsen. Aus diesem Grunde ist es wichtig, die Liebe wie einen Garten zu pflegen und die Blütenpracht nicht durch Unkraut zerstören zu lassen. Dies bedeutet, seine Gefühle zu zeigen und nicht aufgestaute Gefühle aus Feigheit und Rücksichtnahme seinem Partner gegenüber nicht auszudrücken. Liebe hat die verschiedensten Schattierungen und fordert uns zu immer wieder neuen Ausdrucksweisen heraus. Die Liebe zwischen zwei Menschen hat ihre eigenen Melodien und Rhythmen. Es ist wichtig herauszufinden, wie diese Melodie gefärbt ist und welche Rhythmen gegeben sind. Ist viel oder wenig Nähe angesagt? Ist die Liebe hitzig oder eher ruhig? Diese Melodien und Rhythmen können sich im Laufe der Zeit auch verändern. Eine gelebte Liebe verändert Menschen nachhaltig und gibt uns die Chance zu wachsen und neue Anteile unseres Selbst zu integrieren. Die Liebe ist etwas Großartiges und Einmaliges und nicht auf andere Menschen Projizierbares. Die Liebe macht Unmögliches möglich und verleiht uns Flügel. Genießen wir dieses ungetrübte Gefühl, welches uns am Anfang einer Liebe verzaubert und im Verlaufe der Zeit – auch wenn die Anfangszeit vorbei ist und die rosarote Sicht schwindet – immer wieder neu aufflackert. Dies gilt jedoch nur, wenn wir uns immer wieder auf neuen Ebenen begegnen können und bereit sind zu wachsen.

Schwere in Körper und Geist

Wenn wir spüren, dass wir energielos und unser Körper und Geist träge und schwer sind, können wir uns bewusst mit Energie und Licht aufladen. Wir konzentrieren uns auf den Punkt oberhalb des Gesäßes in der Mitte (Wurzelchakra). Dann visualisieren wir einen Springbrunnen, welcher seinen Ausgangspunkt in diesem Wurzelchakra hat. Wir lassen aus diesem Punkt Energiestrahlen aufsteigen – wie Wasser bei einem Springbrunnen. Zuerst lassen wir die Strahlen bis etwa zur Mitte des Rückens aufsteigen, dann immer höher, bis sich die Strahlen in Bogenform über unserem Kopf ergießen. Wir machen diese Übung, bis wir spüren, dass wir wieder leicht und energiegeladen sind. In dieser Leichtigkeit verharren wir so lange, bis wir dieses Gefühl wirklich verinnerlicht haben und unser Körper und Geist von dieser Leichtigkeit erfüllt sind. Wir atmen völlig ruhig und sind mit unserem Bewusstsein ganz in unserem Körper. Diese Übung können wir jederzeit und überall – wenn nötig – durchführen, um unseren Energielevel anzuheben. Dies ist eine wundervolle Methode, um uns in kürzester Zeit wieder leicht und strahlend zu fühlen. Wichtig ist, dass wir unser Bewusstsein auf diese Übung lenken. Das Gefühl des Glücks ist abhängig von unserem gelebten Energiepegel. Sobald wir uns geistig mit schweren und bedrückenden Gedanken beladen, spüren wir, wie sich unser Energielevel senkt und wie wir schwer und kraftlos werden. Somit ist es sinnvoll, sich möglichst von bedrückenden Gedanken zu lösen. Im Zustand der Leichtigkeit können auch kreative Lösungen schneller und besser gefunden werden. Wir fühlen uns zudem eingebettet in diese Energiequelle, die uns vom Universum überall zur Verfügung steht. Werden wir uns unseres Lichtwesens in uns bewusst. Wir sind und können dieses Licht leben. Es ist sogar unsere Aufgabe, im Licht und nicht im Dunkeln zu wandeln. Sobald wir mehr Licht in uns haben, können wir auch unsere Umgebung mit diesem Licht beeinflussen. Die Leute um uns herum spüren dieses Licht und werden unsere Nähe suchen und sich gut mit uns fühlen. Alles aus dieser Erde strebt nach Licht und Vermehrung von Energie. Ohne Licht ist kein Wachstum möglich. Wir können uns schneller entwickeln und uns auf dem Weg ins Licht mit mehr Freude bewegen. Wir sind Lichtwesen und haben die Aufgabe, unser Bewusstsein bis zu dieser Erkenntnis zu entwickeln. Die Übung wird uns helfen, unseren Körper und Geist immer besser auf dieses Licht auszurichten und uns mit dem Lichtbewusstsein zu identifizieren. Verlassen wir uns auf unser Gefühl und machen diese Übung, sooft uns danach ist.

Ende oder Weiterleben einer Liebe/
Werde- und Sterbe-/Sterbe- und Werdephase

Wenn die Liebe endet, setzt meistens im Vorfeld der Verstand ein und analysiert mit messerklarer Schärfe die Beziehung. Der Glanz der Liebe blättert ab und zurück bleibt nur noch die Analyse, welche den Partner unbarmherzig unter die Lupe nimmt. Was vorher noch glorifiziert wurde, kommt uns nur noch unpassend und schlecht vor. Wir können unter diesem Fokus in der Regel nicht mehr verstehen, wieso wir diesem Menschen unser Herz geschenkt haben. Die Verbindung aufzulösen bereitet uns Schmerzen, da unsere Energiezentren durch die Beziehung miteinander verbunden sind. Je plötzlicher eine Trennung erfolgt, desto schmerzvoller kann die Auflösung dieser Energiebänder wahrgenommen werden. Wurde die Beziehung langsam aufgelöst, wird der Schlussstrich nur noch als physischer Nachvollzug wahrgenommen. Dies schmerzt viel weniger. Auch im Falle einer direkten Neubeziehung löst es keine Schmerzen mehr aus. Durch die sukzessive Auflösung der Chakren im Vorfeld wurde Raum für einen anderen Partner möglich und die Fäden haben sich bereits mit der neuen Person verbunden.

Wieso werden Beziehungen aufgelöst? Gehen wir davon aus, dass Beziehungen den Sinn haben, uns in unserer Entwicklung zu fördern, ist nach Abschluss des Gelernten diese Beziehung nicht mehr nötig. Es ist jedoch möglich, dass sie uns auf einer nächsten Ebene weiterbringt und unsere Entwicklung fördert. Dies ist der optimale Fall. Vergleichen wir die Beziehung mit einer Zwiebel, kommen wir immer auf neue, zu erkennende und zu integrierende Ebenen. Es ist jedoch erforderlich, dass sich beide Partner auf diese neue Ebene einlassen, ansonsten wird eine Trennung nötig. Viele Paare verharren auch auf einer leblos gewordenen Ebene und frieren so gegenseitig die Weiterentwicklung ein. Diese leblose Ebene bringt die Energien zum Stocken und lähmt schlussendlich die Persönlichkeitsförderung beider Partner. Anstelle eines lebendigen Austausches werden institutionalisierte Muster von beiden Seiten gelebt. Es ist wie ein Bühnenspiel, das sich immer wieder wiederholt und bereits völlig ausgeleiert ist. Doch beide klammern sich daran. Ein Weitergehen ist für beide nicht möglich. Löst sich einer von beiden davon, ist die ganze Beziehung infrage gestellt und der andere versucht mit allen Mitteln, den ausbrechenden Partner wieder auf die gewohnte Ebene zu bringen. In der Regel ist in einem solchen Fall das Ende unumgänglich. Vielfach verliebt sich einer von beiden Partnern in einen neuen, damit jeder seine Ebene wieder leben kann. Der eine Partner lebt eine neue Ebene und der andere die alte. Auch hier können wir uns entscheiden, ob wir uns weiterentwickeln wollen. Es braucht zur Weiterentwicklung in der gleichen Beziehung das Einverständnis von beiden Partnern. Dies steht im Gegensatz zu unseren persönlichen Entscheidungen, wo es darum geht, inwieweit wir uns weiterentwickeln wollen oder nicht. Das Gleiche gilt mit allen uns umgebenden Menschen. Bei einer Weiterentwicklung fallen die einen weg und es kommen neue Menschen in unser Leben. Dies ist der Werde- und Sterbefluss, welchen wir auch in der Natur sehr gut beobachten können. Im Größeren können wir dies auch im Werde- und Sterbeprozess sehen. Die physische Form wird durch eine neue, geistige abgelöst. Je weniger wir uns dem Fluss in den Weg stellen, desto weniger Schmerz empfinden wir und das Leben kann seinen Rhythmus vollziehen. Sinngemäß können wir diesen Prozess auf unsere Beziehung übertragen. Dies zeigt uns, dass wir auch in einer bestehenden Beziehung immer wieder zu solchen Sterbe- und Werdeprozessen und Werde- und Sterbeprozessen bereit sein müssen, damit der Fluss und die Lebendigkeit bestehen bleiben und wir nicht leblos verharren. Sonst wären wir bereits zu Lebzeiten geistig tot und würden nur noch als physische Hüllen existieren.

Sexualität

Die Vereinigung von zwei Personen über die physische Ebene erfolgt am stärksten über die Sexualität. Das Verschmelzen der Energien ergibt eine dritte Energie. Dies können wir auch außerhalb der Sexualität über Bindungen wie bei Eltern-, Kinder- und Freundschaftsliebe erleben. Der Austausch bei der Sexualität kann oberflächlicher oder bewusster auf einer sehr tiefen Ebene erlebt werden. Nur über die Sexualität können auch physisch Kinder erzeugt werden. Auf geistiger Ebene können geistige Kinder durch gegenseitiges Befruchten entstehen. Analoges gilt beim Künstler, der seine Gefühle und Empfindungen über die Kunst durch Schreiben, Malen, Tanzen oder andere Künste ausdrückt. Diese Künste werden durch Beziehungen wesentlich mitgeprägt. Dies unterscheidet sich jedoch vom Austausch auf sexueller Ebene durch das physische Element des Eindringens in den Körper des anderen sowie auch des Aufnehmens eines anderen in seinen Körper. Ob die Sexualität auf verschiedenen Ebenen stattfindet, hängt von der Verbindung und dem Bewusstsein der Beteiligten ab. Der Körper der sich austauschenden Personen kann als Instrument wahrgenommen werden, welches alle Töne spielen kann oder auf hohe oder tiefe Töne beschränkt ist. Am stärksten ist der Austausch, wenn bei den Beteiligten alle Ebenen beteiligt sind und ein großes Bewusstsein vorhanden ist. Dann kann die Sexualität als eine sich immer wieder erneuernde Melodie wahrgenommen werden, welche sich ekstatisch auf immer neuen Höhepunkten bewegt. Die Orgasmen können geistig, seelisch und/oder körperlich wahrgenommen werden. Diese Energien schaffen eine Erneuerung bei den Beteiligten und bewirken eine tiefe Verbindung, welche so ausfüllend ist, dass keine zusätzlichen Stimulanzien benötigt werden. Diese Sexualität wird mit der Zeit immer eine größere Nähe und Tiefe bei den Beteiligten bewirken. Die Öffnung wird sich auf die gesamte Persönlichkeit bereichernd auswirken und eine starke Befriedigung mit sich bringen. Es ist jedoch auch möglich, sich ohne physische Ebene auf der rein geistigen Ebene und/oder der Herzebene auszutauschen, was auch sehr bereichernd sein kann. Mit jedem Einbezug von den drei Ebenen kann jedoch eine zusätzliche Tiefe erlebt werden. Für die Erfüllung ist die Zusammensetzung der Ebenen wichtig. Ein Zuviel von körperlicher Energie bewirkt mit der Zeit ein dumpfes und sich abnützendes Gefühl, welches nach zusätzlichen Stimulanzien verlangt. Dieser Austausch erfolgt auf den unteren Chakren und lässt die Beteiligten mit einer Schwere an Energie zurück. Beim Einbezug von Energien des Herzens werden eine große Erfüllung und Wärme gespürt. Ein zusätzlicher Einbezug der geistigen bzw. spirituellen Energie der Kopfchakren lässt eine universelle Ebene einfließen, was die Beteiligten als eine göttliche Dimension spüren. Es ist jedoch wichtig, sich bei der Entwicklung Zeit zu lassen. Der Körper ist ein Gefäß, das sich zuerst an zusätzliche Energiefrequenzen gewöhnen muss. Aus diesem Grunde ist es nicht ungefährlich, eine künstliche Öffnung durch Stimulanzien zu bewirken. Dies kann zu geistiger Verwirrung und körperlichen Beschwerden führen. Zudem ist beim Nachlassen der Stimulanzien ein Suchtpotenzial vorhanden, da der Mensch danach strebt, sich dem ekstatischen Zustand der Göttlichkeit zu nähern und in diesem Zustand zu verweilen. Solange wir jedoch auf Erden mit unserem physischen Körper leben, können wir nur bei großem Bewusstsein immer im göttlichen Zustand leben. Ein vorzeitiges künstliches Herbeiführen dieses Zustandes hat seinen Preis. Stimulanzien werden punktuell und kontrolliert bei Ritualen von gewissen Kulturen eingesetzt. Dies ist jedoch nicht mit einem unbewussten und konsumierenden Gebrauch zu vergleichen. Die eigene Entwicklung ist der Weg, um das Ziel der Göttlichkeit zu erlangen.

In einem weiteren und fortgeschrittenen Stadium kann die Sexualenergie unter Einbezug der drei Ebenen von Körper, Geist und Herz gezielter dem ganzen Universum zur Verfügung gestellt werden. Dies kann durch die folgende Fokussierung bewusster erfolgen:

Bei der sexuellen Vereinigung bündeln wir die entstehende Energie, indem wir uns einen pyramidenförmigen Trichter über uns während des Sexualakts vorstellen. Die entstehende Energie wird dann durch die Pyramide gebündelt, verstärkt und dem ganzen Universum zur Verfügung gestellt. Die Zurverfügungstellung kann sich auf ein bestimmtes positives Ziel, das dem Allgemeinwohl dient, beziehen oder ziellos ins Universum zum allgemeinen Wohl geschickt werden.

Krankheit und Schmerz

Durch die Krankheit werden wir gezwungen, im Leben innezuhalten. Wir kümmern uns um uns selbst. Vernachlässigen wir dies, werden wir der Aufforderung nicht gerecht, dies zu tun. Es ist eine Chance der Neuorientierung und der Erkenntnis, was wir in unserem Leben verändern bzw. verbessern können, um mit uns selbst besser in Balance zu gelangen und in Harmonie zu leben. Je nach Krankheit oder Schmerz können wir lokalisieren, was in unserem Leben einer Änderung bedarf. Haben wir zum Beispiel Magenschmerzen, sollten wir uns fragen, ob es zu viele unverdaute Dinge gibt, die wir in uns hineingelassen haben. Schmerzt unsere Schulter? Lassen wir uns zu viel aufbürden? So ist jede Krankheit ein Hinweis darauf, wie wir in Gleichgewicht mit uns selbst kommen können. Es ist wichtig, diese Zeichen ernst zu nehmen. Nehmen wir uns selbst ernst! Immerhin ist es ein Zeichen unseres Körpers, hinzuschauen. Ignorieren wir dieses Zeichen und nehmen einfach nur Medikamente, damit wir für eine Zeit lang Ruhe haben, verpassen wir die Chance, bei uns selbst etwas zu ändern. Unser Körper ist unser Freund und nicht unser Feind.

Es ist jedoch nicht immer einfach, die Zeichen zu deuten. Vielfach benötigen wir Hilfe durch einen Experten, sei dies ein Arzt oder bei psychischen Krankheiten ein Therapeut oder ein sonstiger Helfer. In manchen Situationen ist der Einsatz von Medikamenten oder gar eine Operation unerlässlich. Wichtig ist jedoch, dass wir dennoch für uns selbst die Zeichen zu deuten versuchen. In der Regel ist eine Umorientierung im Leben angesagt, je nachdem wie drastisch sich die Alarmglocken des Körpers bemerkbar machen. Wir können auch mit unserem Körper reden und die einzelnen Bereiche fragen, was sie uns zu sagen haben und wie wir helfen können, damit kein Alarm mehr nötig ist. Vertrauen wir unserem Körper. Es ist auch immer Geduld von uns gefordert. Seien wir dankbar für die Zeichen. Es sind Zeichen, die uns in unsere Harmonie und Balance zurückbringen. Lernen wir, uns und unseren Körper ernst zu nehmen und mit ihm zu kommunizieren. Längerfristig werden wir ein erfüllteres Leben führen, wenn wir mit und nicht gegen unseren Körper arbeiten. Da wir eine Einheit sind, können wir uns nicht von unserem Körper und unseren Leiden trennen. Somit ist es besser, so schnell wie möglich mit unserem Körper Frieden zu schließen. Nur wenn unser Körper, unser Geist und unsere Seele im Einklang sind, stellt sich eine Harmonie in uns selbst ein. Wir können dann ein erfülltes Leben führen, ohne etwas von uns abzukapseln. Glücklicherweise können wir uns weder vom Körper noch vom Geist oder von unserer Seele trennen. Deshalb ist es wichtig, jegliche Zeichen von diesen drei Ebenen wahrzunehmen. Wir ziehen immer nur das uns Entsprechende an, und zwar so lange, bis wir unsere Lektionen gelernt haben. Somit ist es unerlässlich, von Zeit zu Zeit innezuhalten und eine Standortbestimmung in unserem Leben vorzunehmen. Vernachlässigen wir dies, werden wir durch Krankheit und/oder Schmerz auf uns zurückgeworfen, damit wir unser Leben neu ausrichten und in Einklang bringen. Unsere Aufgabe ist es, unseren Weg wahrzunehmen und ihn auch zu gehen. Werden wir bewusst und übernehmen Verantwortung für uns selbst. Ein Arzt, Therapeut oder sonstiger Helfer ersetzt diese Arbeit nicht. Sie können uns nur unterstützen und ihren Part übernehmen. Beim Rest sind wir gefordert. Freuen wir uns, etwas für uns selbst zu tun und uns weiterzuentwickeln, zum Wohle aller.

Verantwortung

Der Grad der Verantwortung hängt von der Fähigkeit ab, Belastungen tragen zu können. Je mehr Belastungen wir tragen können, desto größer sind die Aufgaben, die auf uns zukommen. Manche Menschen tragen mehr und andere weniger. Die Stärke wächst an den Aufgaben. Schlussendlich sind wir eine Einheit und tragen zu einem größeren Ganzen bei. Dies beruht auf dem gleichen Prinzip, wie unsere Schulsysteme funktionieren. Es nennt sich jedoch Lebensschule. Jeder ist Teil davon und hat seine Prüfungen, die er wahrzunehmen hat. Was wir säen, das ernten wir. Zwischendurch erkennen wir den Lohn. Er ist nicht immer offensichtlich. Ohne Fleiß kein Preis, bewahrheitet sich auch auf dieser Ebene. Geistiger Pump holt uns einmal ein. Dies kann sich auf dieses oder ein anderes Leben beziehen, was sich Karma nennt, das Gesetz von Ursache und Wirkung. Deshalb ist es wichtig, auf unsere Führung zu hören, um möglichst im Einklang zu leben, die Aufgaben des täglichen Lebens zu erkennen und kein neues Karma zu generieren. Keine Tat bleibt ungesühnt. Es ist jedoch erstrebenswert, auf seinem Weg zum Licht voranzuschreiten und die geistigen Gesetze einzuhalten. Diese geistigen Gesetze erkennen wir, wenn wir auf unsere Führung hören. Sie zeigen sich über Gefühle, die uns nachhaltig Zufriedenheit bescheren. Dann sind wir auf dem richtigen Weg und im Einklang mit uns selbst. Deshalb ist es gut, von Zeit zu Zeit innezuhalten und eine Standortbestimmung bei sich vorzunehmen. Welche Richtung hat unser Leben? Was macht uns glücklich? Wie können wir uns verwirklichen? In welchem Umfeld bewegen wir uns? Was für Rahmenbedingungen haben wir uns geschaffen? Es ist nicht nur ein kurzfristiges Glücksgefühl anzustreben und nach dem Lustprinzip zu leben. Wichtig ist die Nachhaltigkeit und über das gesamte Leben zu meditieren. Es kann aber auch nicht stur nach einem Plan gelebt werden. Das Leben und unsere Seele haben ihre eigene Logik. Es erfordert eine Wahrnehmung auf verschiedenen Ebenen. Erst dies führt uns zu unserer wahren Bestimmung.

Führung

Über die Führung nehmen wir wahr, welches für uns der richtige Weg ist, um unsere Entwicklung bestmöglich zu unterstützen. Doch wie macht sich diese Führung in unserem Leben bemerkbar? Wie können wir sicher sein, auf dem richtigen Weg zu sein und die richtigen Entscheidungen zu treffen? Es fordert von uns die Bereitschaft, uns auf die Führung einzulassen und dieser auch zu vertrauen. Nicht unser Wille ist für die Erfüllung unserer Bestimmung maßgebend. Wir können diese Führung wahrnehmen, indem wir auf unsere Wahrnehmungen vertrauen. Fühlen wir uns von einer Sache angezogen, spüren wir eine Energie dahinter, dann können wir sicher sein, auf dem richtigen Weg zu sein. Dies ist nicht mit dem verstandesmäßigen Analysieren gleichzusetzen. Dieses Angezogensein können wir in vielen Fällen auch nicht logisch begründen. Der Verstand kann sehr gut bei einer retrospektiven Betrachtung eingesetzt werden. Was hat sich in der Vergangenheit in vergleichbaren Situationen abgespielt? Was war unsere Rolle im Geschehen? Was können wir für Lehren daraus ziehen, damit wir nicht immer die gleichen Fehler wiederholen? Dieses Hingezogensein ist mit dem Maß an Energie, welche hinter einer Sache steht, zu messen. Vielfach gibt es auch Zeichen außerhalb, welche uns immer wieder auf den richtigen Weg weisen. Wieso begegnen wir Personen immer wieder? Manchmal sehen wir sie nie und dann laufen sie uns dauernd über den Weg. Dies können wir als Zeichen interpretieren. Vielleicht gibt es eine gemeinsame Aufgabe zu erfüllen. Werden wir wach und nehmen wir alles um uns herum und in uns wahr, damit wir schlussendlich wie ein Radargerät die für uns wichtigen Dinge im Leben erkennen. Je mehr wir uns auf diese Führung einlassen, desto besser können wir geführt werden. Diese göttliche Führung erfordert ein Spüren und Wahrnehmen und nicht eine kritische verstandesmäßige

Analyse. Der Verstand verhindert häufig dieses Wahrnehmen und wirft uns auf unsere beschränkte Welt zurück. Sie schneidet uns von unseren Wahrnehmungen ab. Deshalb ist es wichtig, dass wir uns öffnen und wahrnehmen, ohne gleich alles kritisch zu hinterfragen. Wenn wir uns dieser Führung vertrauensvoll öffnen und uns leiten lassen, werden wir immer besser und schneller erkennen, was für uns das Richtige ist, damit sich unser Leben der gedachten Bestimmung gemäß entwickeln kann. Wir werden uns auch in einem größeren Ganzen eingebettet fühlen und ein Vertrauen in die Grundmuster des Lebens gewinnen. Alles hängt zusammen und wir können erkennen, dass wir nicht allein, sondern alle eins mit dem Universum und verbunden mit dem Göttlichen sind. Alles wirkt auf das Gesamte und ist schlussendlich vereint. Die Trennung verursachen wir mit unserer verstandesmäßigen Wahrnehmung. Der Verstand ist ein Instrument unter vielen und hilft uns, wie bereits erwähnt, Erkenntnisse aus der Vergangenheit zu gewinnen und durch Analysen Dinge zu strukturieren. Dieses Instrument ist sehr hilfreich, aber im richtigen Moment einzusetzen und nicht mit der göttlichen Führung zu verwechseln. Der Verstand ist immer trennend und das nicht verstandesmäßige Wahrnehmen über das Spüren mit unseren Sinnen ermöglicht uns eine allumfassende Wahrnehmung. Diese bewirkt auch eine Gesamtsicht, welche uns mit allem verbindet und nicht trennt. Setzen wir die verschiedenen Instrumente zur richtigen Zeit ein. Wenn wir unser Leben mit der göttlichen Führung leben, spüren wir uns eingebettet in das größere Ganze und können mit der Zeit einen Sinn hinter den Dingen erkennen. Die göttliche Führung hat den Überblick über unser Leben und auch darüber hinaus, welcher uns meist durch das Wahrnehmen der aktuellen Situation verborgen bleibt. Vertrauen wir somit dieser göttlichen Führung und geben uns dieser hin. Unsere eigene Sicht hat die Einschränkung der linearen Zeit, welche wegfällt, sobald wir uns über die lineare Zeit hinaus öffnen und aus unserer Froschperspektive heraustreten. Folgen wir dem wundervollen, auf unsere Entwicklung ausgerichteten Plan. Vertrauen wir unseren Wahrnehmungen und gewinnen wir an Selbstvertrauen.

Beenden

Wenn etwas beendet wird, gleicht dies einem Absterben. Zuerst muss aber etwas beendet werden, damit etwas Neues in unser Leben tritt. Das Beenden kann bereits in einer noch bestehenden Situation eintreten. Die Beendigung bezieht sich nicht nur auf ein äußeres Abschließen. In der Regel ist dieses Beenden tief in uns ein Prozess, der einmal anfängt und bis zur Beendigung fortschreitet. Er ist in der Regel mit Schmerz verbunden. Jedes Beenden hat auch mit einem Absterben zu tun. Etwas Bestehendes entwickelt sich nicht mehr weiter. Die Energie nimmt ab und es erfolgt ein Abschiednehmen. Dieser Abschied kann abrupt erfolgen oder sich über längere Zeit hinziehen. Manchmal sind wir gezwungen, diesen Prozess aufgrund von äußeren Umständen nachzuvollziehen, je nachdem, ob die Initiative von außen kommt oder wir von uns selbst aus diese Beendigung lancieren. Jeder Abschied ist mit einem Schmerz und einer folgenden Leere verbunden, da die vorhandene Energie abnimmt und letztlich verschwindet. Nach dem Schmerz und der Trauer eröffnen sich uns jedoch neue Möglichkeiten. Es ist wichtig, sich dieser Öffnung nicht zu verschließen und dem Leben eine neue Chance zu geben, mit Neuem in Kontakt treten zu können. Wir gehen mit neuer Erkenntnis und neuen Erfahrungen an das Leben heran und sehen die Welt mit erweitertem Bewusstsein. Vor allem schmerzt die Erkenntnis, wenn eine Liebe abstirbt. Dem gesamten Glücksgefühl und den gesamten Illusionen über eine Person folgt die Ernüchterung und Enttäuschung macht sich breit. Unsere Sicht der Dinge ist nicht mehr getragen durch den Glanz der Liebe. Wir haben uns getäuscht, indem sich die anfänglichen Optionen in einer Beziehung nicht verwirklicht haben. Wir haben uns für diese Verwirklichung eingesetzt und viel Energie investiert bis zu dem Punkt, an dem wir feststellen, dass sich unsere Wahrnehmungen nicht verwirklicht haben und wir vor der uns sich präsentierenden Wirklichkeit nicht mehr die Augen verschließen können. Wir spüren anstelle des Glücksgefühls eine Leere, die entsteht, wenn sich die Liebesbemühungen erschöpft haben. Statt einer Weiterentwicklung der Liebe erfolgte ein Absterben auf Raten. Bei jedem Verletzen und Zufügen von Wunden ist ein kleines Stück der Liebe auf der Strecke geblieben und am Schluss bleibt nichts mehr übrig. Für das Aufrechterhalten der Liebe benötigt es das Engagement von beiden Partnern. Einer allein kann die Entwicklung und die Liebe nicht über längere Zeit aufrechterhalten. Wenn sich nach einem Schmerz und einer Enttäuschung die Liebe nicht mehr aufbauen kann, ist der Punkt des Beendens gekommen. Es regt sich nichts mehr, die Liebe ist gestorben und die Energie, die hinter der Liebe stand, aufgebraucht. Bei jeder neuen Liebe und jedem Neuanfang einer Sache ist der Keim der Entwicklung oder des Sterbens vorhanden. Es entsteht etwas Drittes, welches wie eine Pflanze genährt werden sollte, damit es sich entwickeln kann. Von Zeit zu Zeit ist auch das Unkraut zu entfernen. Gehen wir jedoch nicht mit dem nötigen Respekt damit um und brauchen wir die falschen Düngemittel, wird die Pflanze, das sogenannte Dritte, zu welchem wir eine Beziehung haben, mit der Zeit eingehen. Die gesunden Zellen sind aufgebraucht und zurück bleibt ein totes Gebilde, welches nicht mehr lebenswert ist. In der Regel haben wir viele Chancen, dieses Gebilde zu pflegen und das Wachstum zu fördern. Deshalb sollten wir behutsam und mit Respekt damit umgehen.

Vergeben

Jedes Ereignis hinterlässt bei uns Spuren. Es können positive wie negative Empfindungen damit verknüpft sein. Diese Ereignisse sind im Zusammenhang mit Menschen, mit Gegenständen oder mit Orten gespeichert. Die Spuren davon senken sich in die Seele. Je nachdem werden positive oder negative Gefühle mit dieser Person, diesen Gegenständen oder den Orten ausgelöst. Haben wir mit einer Person sehr viel Negatives erlebt, wird mit der Zeit die Wahrnehmung negativ vorbelastet sein. Auch im umgekehrten Fall werden wir anderen Menschen gegenüber einen Bonus gelten lassen. Es gelingt uns wohl eher weniger, uns von dieser Vergangenheit zu lösen. Es ist unser Wahrnehmungssystem, auf welches wir uns mit der Zeit verlassen und von welchem wir uns leiten lassen. Dieses Wahrnehmungssystem kann nicht ausgetrickst werden. Oder falls doch, nur kurzfristig, und dann werden sich wieder die Erinnerungen bemerkbar machen. Sind zu viele negative Erfahrungen mit einer Person verbunden, werden wir es vermeiden, uns mit dieser Person weiter zu umgeben. Die Freude ist nicht mehr vorhanden und die negativen Erfahrungen belasten die Verbindung zu stark. In den meisten Fällen kommt es zu einem Abbruch dieser Verbindung. Vielfach haben diese Erfahrungen jedoch auch mit uns zu tun. Wir ziehen solche Ereignisse an und nehmen unsere Rolle wahr. Wir machen auch wichtige Erfahrungen in unserem Leben und können mit diesen Erkenntnissen positiv in unserem Leben weitergehen. Diese Erfahrungen wirken sich auch nachhaltig auf unsere Einstellungen aus. Es darf jedoch nicht jede Person, welche neu in unser Leben tritt, nur durch diesen negativen Filter betrachtet werden. Wichtig ist, dass wir erkennen, dass wir bei der negativen Erfahrung auch unsere Rolle gespielt haben und jetzt mit neuen Erkenntnissen reifer mit unserer Umwelt und unserem Leben umgehen.

Sind wir beispielsweise zu gutgläubig, können wir lernen, dass wir kritischer werden und nicht mit der Vorstellung durchs Leben gehen, dass es alle nur gut meinen. Es ist unsere Aufgabe, die Augen offen zu halten und die Unterscheidung zwischen gut und schlecht zu lernen. Auf dieser Erde ist diese Polarität vorhanden, sodass wir uns entscheiden können, was wir leben und mit welchen Energien wir uns verbinden wollen. Ohne diese Unterscheidung sind wir den Mächten hilflos ausgeliefert und lassen uns immer wieder missbrauchen. Manche Menschen geben uns die Chance, diese Erkenntnisse zu gewinnen. Es liegt jedoch an uns, ob wir in diesem Umfeld bleiben wollen und wie lange wir brauchen, bis wir die Lektion gelernt haben. So gesehen gibt es weder gut noch schlecht. Und trotzdem wollen wir uns längerfristig gut fühlen und nicht immer in negativen Gefühlen schwelgen. Diese schweren Energien sind lebensfeindlich und führen zu Krankheiten. Vielfach können wir erst über die Krankheit wichtige Lektionen lernen und eine neue Richtung in unserem Leben einschlagen. Sind wir uns dessen bewusst, können wir uns diese harten Erfahrungen sparen. Vergessen wir nicht, dass jede Erfahrung immer mit uns zu tun hat. Gelingt es uns nicht, unseren Part zu erkennen, werden wir wiederum ähnliche Erfahrungen anziehen. Deshalb ist es in der Regel nicht sinnvoll, Menschen oder Situationen zu vermeiden, ohne dass wir die Lektion gelernt haben. Ob wir das erreicht haben, merken wir daran, ob wir etwas anderes anziehen. Es ist jedoch unsere Freiheit, weiterzugehen und Menschen zu verlassen, die uns nicht gut tun. Niemand zwingt uns, in unmöglichen Situationen auszuharren. Wichtiger ist, dass wir nicht vergessen, unsere Umwelt als Spiegel zu erkennen, genau hinzusehen, was die Situationen mit uns zu tun haben, und an uns zu arbeiten. Deshalb ist es sinnvoll, alles nicht zu persönlich zu nehmen und zu erkennen, dass auch der andere seinen Part wahrnimmt. Wir können jedoch nur für uns Verantwortung übernehmen und an uns arbeiten. Ob der andere dies auch will, bleibt ihm überlassen. Somit ist es besser, dass wir uns auf unsere Entwicklung konzentrieren und an uns arbeiten. Nur so können wir sicher sein, unseren Weg zu gehen.

Der andere muss sich nicht ändern, damit wir glücklich sind. Wenn er uns nicht mehr entspricht, wird er sowieso nicht mehr in unserem Umfeld sein, und wir werden etwas Passenderes anziehen. Unsere Seele weiß das und deshalb bleiben wir manchmal mit Personen zusammen und harren in Situationen aus, bis wir die Lektion gelernt haben. Wichtig ist, den Fokus auf uns zu richten, für unser Leben die Verantwortung zu übernehmen und uns nicht verantwortlich zu fühlen für die Handlungen des anderen. Die Ausnahmen dazu bilden die Kinder und Haustiere, für welche wir eine Verantwortung übernehmen, sowie Führungsrollen, wo wir uns bewusst für die Verantwortung entscheiden.

Wahrnehmen von Energien

Wie können wir vermeiden, dass wir von unserer Umwelt beeinflusst werden? Jede Konstellation in der Außenwelt hat ihre eigene Energiefrequenz. Kommen wir in eine Situation, verbinden wir uns unbewusst mit dieser Frequenz. Dies löst bei uns die entsprechende Energie aus. Beispielsweise lassen wir es zu, dass wir uns von Meldungen in den Medien beeinflussen lassen. Wir können uns je nach Meldung freudig oder traurig fühlen. Bleiben wir bewusst bei uns in unserer Mitte, so können wir erreichen, dass wir uns auf einem konstant hohen Energielevel bewegen. Dies erfordert jedoch ein großes Bewusstsein sowie auch ein gutes Fokussiertsein auf diesen Energielevel.

Wie können wir überhaupt erkennen, wie sich dieser Energielevel anfühlt, welchen wir als Konstante anstreben? Alle meditativen Praktiken können uns dabei helfen und unterstützen. In den ersten Stadien kann es auch dazu führen, dass wir eine größere Durchlässigkeit erlangen und alles Umgebende noch besser aufnehmen. Dieses Zwischenstadium ist jedoch nicht als Endstadium anzustreben. Ansonsten wären wir unserer Umgebung vermehrt ausgeliefert und unsere Selbstbestimmung wäre reduziert. In weiteren Stadien können wir jedoch in einer Art Selbstbestimmung dazu gelangen, uns nur noch für bestimmte Wahrnehmungen zu öffnen. Dies kann uns beispielsweise helfen, in heilenden Berufen bewusst in die Energiefelder des Hilfesuchenden einzutauchen und diesen mit unseren Wahrnehmungen zu unterstützen. In weiteren Stadien kommen wir dazu, diese Energiefelder, falls Blockaden vorhanden sind, zu reinigen und auszugleichen. Dies erfordert jedoch, dass wir bewusst und gut mit den höheren Energien verbunden sind, damit wir nicht unsere eigenen Energien anzapfen und verbrauchen. Wir sind schlussendlich nur Kanal und können aus uns selbst nichts bewirken. Es ist immer das höhere Selbst, die göttliche Kraft, die in unendlichem Maße vorhanden ist und uns zur Verfügung steht. Diese Ausrichtung auf die höhere Energie und dieses Bewusstsein helfen uns, als Medium für unsere Mitmenschen tätig zu sein und sie auf ihrem Weg ins Licht zu unterstützen. Durch die Auflösung von Blockaden werden gleichzeitig festgesetzte Muster aufgelöst und bewirken eine Reaktion beim Hilfesuchenden. Es können alte Erinnerungen, welche sich im Körper aufgestaut haben, wieder wach werden und bewusst bearbeitet und losgelassen werden. Es handelt sich häufig um verdrängte und nicht losgelassene Situationen. Diese bewirken einen Energiestau in Körper, Geist und Seele und können schlussendlich zu Krankheiten führen. Zudem werden diese Blockaden auch immer wieder aktiviert, da sie sich in unserem Energiefeld befinden und als Resonanz Gleiches anziehen. Somit befinden wir uns in der Regel so lange in diesem Schema gefangen, bis es uns gelingt, ein größeres Bewusstsein zu erlangen, die Blockaden loszulassen und im Energiefeld die Energie erneut besser fließen zu lassen. Damit kommen wir unserem Lichtwesen und unserer schlussendlichen Bestimmung näher. Wir werden uns befreiter fühlen und Neues anziehen, welches unserer Energiefrequenz besser entspricht. Um aus dieser Blockade auszusteigen, benötigt es in der Regel Begleiter, welche sich der Energie bewusst sind und uns helfen können, diese Blockade aufzulösen, sodass wir auf unserem Weg weitergehen können. Schlussendlich sind wir alle Lichtwesen und können als göttlicher Teil unser Werk vollbringen.

Das Ende einer Beziehung, Bestimmung?

Ab einem gewissen Zeitpunkt einer Beziehung ist die Energie nicht mehr strebend nach Entwicklung, sondern abnehmend. Sie nähert sich dem Ende, welches in dieser Energie beinhaltet ist. Es fehlen die Leichtigkeit und der Schwung des Aufstrebens. Es fühlt sich an wie ein inneres Absterben von einem einmal ursprünglich vitalen und erhebenden Gefühl. Alles vom Gegenüber wird mit einer negativen Brille wahrgenommen. Der gesamte Glanz, welcher den geliebten Menschen in Zeiten der Liebe als Märchenwesen erleuchten ließ, fehlt. Kleinste negative Eigenschaften werden mit überdeutlicher Klarheit wahrgenommen. Dinge, über die man vorher großzügigerweise hinweggeschaut hat, erscheinen einem nur noch in einem störenden Licht. Die Freude, mit dem geliebten Menschen seine Zeit verbringen zu wollen, schwindet. Man sucht nach Ausflüchten, fängt an, seine Prioritäten anders zu setzen. Das Gegenüber verliert an Wichtigkeit. Was übrig bleibt, ist ein schales Gefühl. Wie konnte ich diesen Menschen nur so lange nicht wirklich sehen? Der Schleier der Liebe fällt ab. Was bleibt, ist ein gewöhnlicher Mensch mit allen seinen Schwächen. Wo ist die Liebe geblieben, wo die Erregung, diesen Menschen sehen zu wollen, zu spüren und verschlingen zu wollen? Wie konnte es so weit kommen? Bei jedem Sich-Verletzen und unfairem Verhalten stirbt ein Stückchen dieser Liebe. Bei einer großen Liebe hat es mehr Toleranz. Aber auch diese kann mit entsprechendem Fehlverhalten sterben und sich auflösen. Was zurückbleibt, ist eine Illusion von etwas, das hätte sein können. Die Liebe ist ein zartes Pflänzchen, das nicht mit einem Hammer traktiert werden darf. Es ist etwas Drittes, das zwischen zwei Personen von Anfang an vorhanden ist. Ein Glücksfall und ein Geschenk des Himmels, welche uns den Zugang zu den Köstlichkeiten der Ewigkeit ermöglichen. Wir fühlen uns wie im Paradies, sind eingehüllt von diesem Gefühl der Wärme und Leichtigkeit. Die ganze Welt erscheint in einem rosigen Licht. Alle Widrigkeiten sind weit weg und das Leben erstrahlt in seiner ganzen Pracht. Umso mehr hinterlässt deren Ende dieses schale Gefühl. Es hat etwas mit einem Absterben dieses Dritten zu tun. Hätte es verhindert werden können? Ist es Schicksal? Liegt es in unseren Händen oder leben wir einem Plan nach und treffen genau die entsprechenden Menschen? Sind wir Akteure in einem Bühnenstück, welches wir auf der Bühne Erde leben? Viele Fragen und im Moment keine Antworten. Vertrauen wir dem Schicksal, dass alles seinen Sinn hat und wir bis zu unserem Tod diesem Weg zu folgen haben, um unserer Bestimmung gerecht zu werden. Es ist ein beruhigender Gedanke, das zu glauben und darauf zu vertrauen, dass alles im Leben einen Sinn ergibt, welchen wir wahrscheinlich erst zu einem späteren Zeitpunkt erkennen können. Deshalb ist es gut, seinen Glauben an das Gute im Leben nicht zu verlieren und offen zu bleiben für alles, was uns das Leben noch bietet.

Das höhere Selbst

Was ist das höhere Selbst? Wie kommuniziere ich mit dem höheren Selbst? Wir können mit unseren Meditationen immer wieder Zustände erreichen, in welchen uns das Kommunizieren mit unserem höheren Selbst einfacher fällt. Das Kommunizieren kann über die Sprache wie auch über Bilder oder Gefühle erfolgen. Es ist wichtig, dass wir herausfinden, welche Form der Kommunikation uns am meisten entspricht. Bei Fragen können wir diese einfach stellen und beobachten, wie die Antwort erfolgt. Diese Wahrnehmung ist abhängig von unserer persönlichen Beschaffenheit. Dies kann nur jeder über sich selbst herausfinden. Vertrauen wir unseren Eingebungen. Je öfter wir diese Kommunikation vornehmen, desto einfacher fällt uns das Wahrnehmen der Antwort. Seien wir offen für jede Form von Antwort. Wir können auch die Frage nach dem Namen des höheren Selbst im Sinne eines geistigen Führers stellen. Es ist wichtig, sich immer wieder mit möglichst viel Licht aufzufüllen. Rufen wir das Licht, damit wir einfacheren Zugang zu unserem höheren Selbst finden. Diese Energieebene verhilft uns auch zu einer Leichtigkeit und verbindet uns gleichzeitig mit allen Wesen, die sich auf dieser Ebene befinden. Diese Verbindung mit dem Licht verstärkt unser eigenes Licht. Es hilft uns, mehr aus einer höheren Ebene zu agieren und unser Leben in Freude und Harmonie zu verbringen. So gelingt es uns auch, die Wünsche besser zu erreichen. Eine Unterstützung bietet unser höheres Selbst, welches die größeren Zusammenhänge für uns besser erkennt und uns in unserer höheren Bestimmung unterstützen kann. Lernen wir, uns durch die Führung des höheren Selbst leiten zu lassen. So erfahren wir mehr Ruhe und Sicherheit sowie die Gewissheit, dass wir auf dem richtigen Weg sind. Erkennen wir hinter jeder Herausforderung im Leben eine Chance, sich unserer Bestimmung gemäß zu entwickeln. Lernen wir auch, im Hier und Jetzt zu leben, sodass wir den heutigen Anforderungen des Lebens gerecht werden und es auch genießen können. Es gibt neben den Zeiten der Aktivität auch das bewusste Ruhen, vergleichbar mit Flut und Ebbe. Versuchen wir, diesen Rhythmus wahrzunehmen. Folgende Übung können wir dazu anwenden:

Setzen oder legen wir uns ruhig hin. Visualisieren wir das Meer. Nehmen wir die Geräusche, den Geruch und die Farbe wahr. Erspüren wir die Flut und die Ebbe. Wenn wir einatmen, lassen wir im Sinne der Flut die Wellen von den Füßen zum Kopf über unseren Körper hinwegrollen. Beim Ausatmen entspannen wir den ganzen Körper vom Kopf zu den Füßen und lassen – wie bei der Ebbe – das Wasser zurückfließen. Atmen wir ruhig und spüren in unseren Körper. Bleiben wir so lange in diesem Rhythmus, bis wir diese Aktivität und Passivität in uns verinnerlicht haben. Lernen wir bewusst dieses Loslassen und Entspannen. Sobald wir uns bereit fühlen, öffnen wir langsam die Augen und bewegen unseren Körper. Versuchen wir nun, dieses Gefühl auch in unserem Leben zu integrieren. Diese Balance ist wichtig, damit wir uns nicht erschöpfen und gleichzeitig aktiv bleiben. Diese Übung kann so oft wie nötig wiederholt werden. Es ist eine ausgezeichnete Entspannungsübung. Zudem entwickeln wir ein gutes Gespür für die Balance zwischen Aktivität und Passivität.

Suchen – Finden

Wir alle haben unsere Visionen und möchten beispielsweise gern den idealen Job oder die ideale Beziehung. Wenn wir etwas Neues kennenlernen, stülpen wir unsere Wünsche und das uns vermeintlich glücklich Machende über dieses Neue. Wir fühlen uns glücklich, endlich unser Gewünschtes erreicht zu haben. Im Laufe der Zeit stellen wir fest, dass nicht alles so ist, wie es uns zu Anfang an den Eindruck machte. Wir sind enttäuscht. Wir haben uns getäuscht und möchten unsere Vision am liebsten wieder über ein anderes Objekt stülpen. Wir fangen wieder an zu suchen. Dies passiert bewusst oder unbewusst. Nach dem Gesetz der Resonanz ziehen wir nur an, was uns entspricht. Somit haben wir die Aufgabe, uns zu verändern und eine andere Resonanz auszustrahlen. Ansonsten ziehen wir wieder das Gleiche an und stellen wiederum die gleichen Mängel fest, sodass wir uns enttäuscht damit abfinden oder uns abwenden und nach etwas Neuem suchen. Der eigentliche Prozess bestünde darin, uns weiterzuentwickeln, bevor wir etwas anziehen, das mehr mit uns harmoniert. Wir haben zuerst mehr Harmonie in uns zu schaffen, damit wir mit dem uns Umgebenden mehr Harmonie erfahren können und uns schlussendlich glücklicher fühlen. Wenn wir unsere Umwelt als Spiegel betrachten, können wir klar erkennen, wo wir an uns zu arbeiten haben. Wir haben die Chance, durch alles, was uns widerfährt, etwas mehr Bewusstsein zu erlangen und an unserer Vervollkommnung zu arbeiten. Erleben wir immer noch eine große Disharmonie mit unserer Umwelt, ist es an der Zeit, über die Bücher zu gehen und an uns zu arbeiten. Es ist nicht immer ganz einfach, die richtige Erkenntnis zu gewinnen, wo wir uns noch besser entwickeln können. So gesehen ist das Leben ein spannender Weg, welcher uns die Chancen und die Situationen bietet, uns näher zu kommen und schlussendlich eine Harmonie mit allem zu erfahren. Dieser Weg ist jedoch möglicherweise oftmals steinig und auch lange, doch es lohnt sich, damit wir mit jeder Erkenntnis ein Stück weiter kommen. Falls wir selbst nicht klar sehen können, wo wir uns zu entwickeln haben, können wir auch einen Spezialisten aufsuchen, der uns ein Stück weit begleiten kann. Hadern wir nicht mit dem Schicksal, da uns dies nicht weiterbringt. Genießen wir alles Schöne, das bereits in unserem Leben ist. Lernen wir auch, dankbar die kleinen Dinge anzunehmen und uns daran zu freuen. Schlussendlich geht es immer um die Suche und das Finden von uns selbst. Die Umwelt stellt sich in der dualen Welt als Spiegel zur Verfügung, welchen wir dankbar annehmen sollten. Jedes Aufbäumen und Dagegenstemmen kostet uns Zeit und Kraft, die wir besser für unseren weiteren Weg einsetzen, damit wir freudiger an unser Ziel, Harmonie mit uns selbst und unserer Umwelt, gelangen.

Endgültiges Ende einer Beziehung

Wann ist das endgültige Ende gekommen? Wie wissen wir, wann wir eine Beziehung beenden sollen? In der Regel dauert jede Beziehung seine Zeit. Die Energie ist am Anfang sehr groß, wenn es eine längere Beziehung ist. Wir spüren, dass wir verliebt sind, und fühlen uns glücklich. Mit der Zeit erleben wir Enttäuschungen, welche die Beziehungsenergie und unsere Liebe schmälern. Wir fühlen uns auch nicht mehr so euphorisch, sondern sehen die Mängel, die unser Gegenüber hat. Im schlechtesten Fall geht der Prozess weiter, wir fühlen uns immer wieder enttäuscht und schlussendlich kommen wir an einen Punkt, an welchem wir keine Liebe mehr verspüren. Häufig hilft uns dann auch noch das Schicksal, welches uns im Äußern erkennen lässt, dass etwas mit dieser Beziehung nicht mehr stimmt und auch nicht mehr sein soll. Es ergeben sich Situationen, welche unweigerlich auf das Ende hinweisen. Wiederholen sich solche äußeren Ereignisse, können wir davon ausgehen, dass uns das sogenannte Schicksal – wir können dies auch unseren Helfer aus der geistigen Welt nennen – auf das Ende hinweisen will. Deshalb ist es wichtig, auf die Zeichen zu achten. Irgendwann kommen die Einsicht und die Situation, die das Ende unausweichlich machen. Wir merken und wissen, jetzt ist der Punkt gekommen. Ob es dann unsere Worte sind, die das Ende herbeiführen, oder die äußeren Umstände, die das Ende besiegeln, spielt keine Rolle. Es wird klar, dass das Ende da ist. Ein Ende beinhaltet aber auch immer wieder die Chance, eine neue Beziehung zu beginnen, die unserem Entwicklungsprozess besser entspricht.

Sich vertrauensvoll öffnen

Das Leben bietet uns immer wieder Situationen, die uns erlauben, zu wachsen. Diese Lektionen kommen uns auf jeden Fall entgegen, ob wir uns nun dem Leben gegenüber öffnen oder verschließen. Mit einer negativen Haltung erschweren wir uns zusätzlich das Leben. Das Leben ist, wie es ist. Wir können uns mit unserem Schicksal anfreunden und das Beste daraus machen oder uns dagegen wehren und uns gegen den Fluss stemmen, bis wir uns gleichwohl in unser Schicksal ergeben. Es ist unser Leben, das wir begrüßen oder verneinen können. Doch ein anderes Leben haben wir nicht. Wir können uns an den kleinen Dingen erfreuen oder uns an kleinen Dingen aufregen. Wir können bis zu einem gewissen Teil selbst entscheiden, worauf wir unseren Fokus lenken wollen. Deshalb können wir uns vertrauensvoll dem Leben öffnen, obwohl uns vielleicht die Lektion nicht behagt. Dennoch können wir darauf vertrauen, dass wir uns im Endeffekt in Situationen befinden, die uns wachsen lassen, sodass wir unserer Bestimmung immer näher kommen. Dieses Vertrauen ist manchmal schwierig, aufrecht zu halten, nämlich dann, wenn uns das Leben auf eine harte Art prüft. In der Regel gibt es aber kein Wachstum ohne Schmerz. Wir können uns jedoch diesem Wachstum freudig öffnen, sodass wir uns glücklicher fühlen. Sobald wir die Zuversicht haben, dass alles seine Richtigkeit hat, können wir uns dem Leben besser öffnen und uns weniger Sorgen machen für die Zukunft. Diese Zuversicht stellt sich vielleicht erst nach mehreren Erfahrungen ein.

Sich einlassen

Wenn wir uns öffnen, nehmen wir viele Eindrücke um uns wahr. Was machen wir mit diesen Empfindungen? Lassen wir uns auf das ein, was wir wahrnehmen? Mit der Öffnung geschieht etwas ganz Wunderbares. Wir verbinden uns auf verschiedenen Ebenen mit unserer Umwelt. Uns werden andere Kanäle als diejenigen, welche uns mit unseren fünf Sinnen zur Verfügung stehen, bewusst. Um uns auf die Empfindungen einzulassen, braucht es ein großes Vertrauen, dass wir das Wahrgenommene auch ernst nehmen und nicht nur als Fantasien abtun. Es ist ein ganz wundervolles Instrument, welches uns hilft, eine erweiterte Sicht zu erlangen. Damit wir jedoch wirklich etwas Sinnvolles damit anfangen können, ist es wichtig, zu beobachten und zu reflektieren, ob das Wahrgenommene auch sinnvoll ist. Je besser wir uns selbst kennen, desto besser können wir unterscheiden, was von außen kommt und was aus unserem Inneren. Deshalb ist es auch sehr wichtig, dass wir unser System immer wieder in Phasen des Rückzuges überprüfen und zu uns selbst zurückkehren, damit wir uns wieder umso mehr mit unserer Umwelt verbinden können. Je reiner unser System ist, desto genauer sind unsere Wahrnehmungen. Es ist ganz wichtig, dass wir uns nicht in wirren Fantasien verlieren. Deshalb ist es sinnvoll, uns wirklich rein zu halten. Dies wird jedoch ab einem gewissen Stadium unserer Entwicklung wie von selbst geschehen. Es ist nicht gut, unsere Entwicklung über unseren Willen zu steuern. Dies würde nur dazu führen, dass wir wichtige Phasen überspringen und diese zu einem späteren Zeitpunkt in mühsamer Arbeit nachzubearbeiten haben. Diese Öffnung ist im Grunde genommen etwas sehr Wertvolles. Es soll jedoch nicht dazu führen, dass wir andere Menschen manipulieren. Dies würde schlussendlich dazu führen, dass wir in unserer Entwicklung zurückfallen und uns nicht weiter im Licht entwickeln. Somit sollte dieses Öffnen auch nicht über künstliche Mittel wie Drogen erfolgen. Sobald wir dafür reif sind, wird es sich wie von selbst einstellen. Eine vorzeitige Öffnung birgt die Gefahr, dass unser System noch nicht so weit ist und somit überfordert wird. Wir schädigen unser System und schwächen es. Am besten verlassen wir uns auf unsere geistige Führung und versuchen in jeder Situation unser Bestes zu geben. Dies wird uns automatisch in unserer Entwicklung unterstützen und uns die Früchte der erweiterten Wahrnehmung zukommen lassen. Vertrauen wir darauf, dass alles zur rechten Zeit geschieht und wir mit fortschreitender Entwicklung auch mehr Verantwortung übernehmen werden, da wir mit mehr Kräften ausgestattet sind. Solange es noch nicht so weit ist, genießen wir unseren Weg und versuchen nicht, eine Entwicklung voranzuschieben, wenn wir noch nicht so weit sind. Jede Phase hat seine Zeit und bringt uns Gutes wie Schlechtes, solange wir in dieser Welt der Dualität leben. Achten und respektieren wir unseren Weg und üben wir uns in Gleichmut, was immer auch geschieht. So werden wir uns wie von selbst weiterentwickeln und schlussendlich Lichtwesen.

Erkennung des richtigen Weges/Führung

Der richtige Weg bewirkt eine Anziehung, die uns in die richtige Richtung weist. Die geistige Führung ist immer vorhanden. Lassen wir uns auf diese Führung ein, hat dies nichts mit einer linearen Denkweise zu tun. Verstandesmäßig werden wir einige unserer Entscheidungen nicht logisch nachvollziehen können. Erst im Nachhinein werden wir den Sinn erkennen und scheinbar nicht sinnvolle Entscheidungen und Handlungen interpretieren können. Wir werden aufgefordert, Geduld zu haben und uns vertrauensvoll dem Leben zu öffnen und den Weg mit Freude zu gehen. Die Früchte werden wir vielleicht erst später ernten können.

Das Gleiche gilt für Beziehungen, die wir eingehen. Menschen, die uns anziehen, haben häufig den Sinn, altes vergangenes Wissen wieder zu aktivieren und uns auf allen Ebenen bewusst zu machen. Analysieren wir also nicht mit dem Verstand, sondern öffnen wir uns dem Leben und lassen wir uns darauf ein. Gerade Leute, die es gewohnt sind, mit dem Kopf zu arbeiten und zu analysieren, wird das schwerfallen, da keine offensichtliche Logik dahinter steht. Es ist jedoch in jedem Fall sinnvoll, auf seine innere Führung zu hören, da uns der Gesamtüberblick fehlt und wir nicht alle Aspekte mit unserem in der physischen Welt verwurzelten Verstand erfassen und auswerten können. Es ist immer wieder Vertrauen in die höheren Mächte gefragt. In der physischen Welt erleben wir immer wieder Beweise, die uns in diesem Weg bestärken können. Schlussendlich werden wir erreichen, dass sich unser Bewusstsein erweitert und wir immer mehr Einsichten erlangen. Manche Einsichten werden uns jedoch bis zum richtigen Zeitpunkt verborgen bleiben, da wir zuerst die Erkenntnisse dazu erlangen müssen. Wüssten wir alles schon zum Voraus, könnten wir die Erfahrungen, welche uns auf unserem Weg bewusster machen, nicht aktiv durchleben. Der Verstand versucht immer wieder, uns einen Streich zu spielen, da die Führung oft für den Moment keinen logischen Sinn ergibt. Wir werden jedoch aufgefordert, die lineare Ebene zu verlassen und uns der Welt der unendlichen Möglichkeiten zu öffnen. Lassen wir unseren Verstand los und verbinden wir uns mit dem Größeren, das uns umgibt und auch führt. Also entspannen wir uns und vertrauen auf unseren Weg, der zur richtigen Zeit zur Ernte und zum vollkommenen Bewusstsein führen wird. Bitten wir um Führung, wird sie uns gegeben werden. Danken wir auch immer wieder unserer Führung, dass sie für uns da ist und uns begleitend Hilfestellung leistet. Herzlichen Dank!

Gegenwart/Vergangenheit/Zukunft

Die Zeit in der physischen Welt ist linear. Wir sehen nur gerade den Zeitausschnitt, den wir aktuell leben. Mit einer erweiterten Wahrnehmung können wir mit unserem Geist in die Vergangenheit und in die Zukunft reisen. Es wird uns ein größeres Spektrum der Realität bewusst. Ereignisse der Gegenwart sind zum Teil sinnlos ohne die Perspektive der Vergangenheit oder der Zukunft. Falls notwendig ermöglicht uns unser Geist, in die Vergangenheit oder in die Zukunft zu blicken. Wir können darum bitten, und falls es angebracht ist, dass wir eine Antwort erhalten, wird uns diese erweiterte Sicht ermöglicht. Diese Einsichten erreichen uns über Meditation oder Träume. Es kann auch sein, dass uns Einsichten plötzlich im Tagesbewusstsein zugeteilt werden. Wenn wir uns mit dieser unendlichen Dimension verbinden, leben wir in der göttlichen Einheit und können plötzlich alle Ebenen und Realitäten besser verstehen. Grundsätzlich ist es jedoch wichtig, auf unsere inneren Eingebungen zu hören und diesen zu folgen, auch wenn keine ganzheitliche Sicht der Dinge vorliegt. Allein nach dem Verstand zu leben, bringt uns nicht weiter. Entscheidungen, die nur mit dem Verstand gegen jegliche Gefühle und innere Eingebungen getroffen werden, sind in der Regel langfristig nicht die besten Entscheidungen für unseren Lebensweg. Vertrauen wir auf unsere Eingebungen, auch wenn sie im Moment nicht immer sinnvoll sind. Das ermöglicht uns umsichtig und langfristig zu handeln.

Das Leben

Was ist das Leben? Das Leben kann alle Facetten aufweisen. Von Glück zu Leid ist alles möglich. Wir können das Leben bis zu einem gewissen Grad beeinflussen, die wichtigsten Dinge im Leben sind jedoch vorgegeben. Diese können wir annehmen oder ablehnen. Das Leben bietet uns viel, wenn wir offen sind. Offen sein für alles, was kommt, für die Liebe, für das Gute und für alles, was das Leben uns schenkt. Manchmal möchten wir uns verschließen, weil wir den Glauben an das Gute verloren haben und nicht noch mehr Leid in unserem Leben haben wollen. Doch dieses Verschließen hindert uns daran, zu leben und auch das Gute wieder in unser Leben zu lassen. Verzichten wir auf eine Bewertung und nehmen, was das Leben uns bietet. Das Leben ist manchmal nicht fassbar, faszinierend und kann sich von einem Moment auf den andern verändern. Lassen wir uns auf das Leben ein. Jedes Alter wird uns seine Früchte bringen. Wir können nicht erwarten, immer nur glücklich zu sein, sonst werden wir unweigerlich enttäuscht. Im Grunde genommen können wir gar nichts erwarten. Es ist alles ein Geschenk. Deshalb ist es gut, wenn wir dankbar sind für alle schönen Momente und diese voll und ganz genießen. Das Glück liegt in diesen Momenten. Vermiesen wir uns dieses nicht und leben wir im Moment, wie auch immer dieser aussehen mag.

Des Lebens überdrüssig sein

Manchmal gibt es Situationen im Leben, in welchen wir uns sehr unwohl fühlen und uns alles sinnlos und nicht unseren Wünschen entsprechend vorkommt. Wir möchten am liebsten alles verändert haben. Und doch scheint es, als könnten wir nicht einfach aus unserem Leben davonschleichen. Irgendetwas hält uns davon ab, dies zu tun. Was ist dieses Etwas? Wieso können wir nicht einfach alles sofort ändern, zum Beispiel den Beruf aufgeben und die Beziehung abbrechen? Es gelingt uns einfach nicht, dies zu tun. Es hängt vielleicht damit zusammen, dass sich nichts Besseres anbietet. Wir fühlen uns gezwungen, in dieser Situation zu verharren. Es scheint fast so, dass wir den Moment abwarten müssen, bis sich die Gelegenheit bietet, etwas zu verändern. Es ist wie eine Krankheit, die wir auch nicht von heute auf morgen loswerden können, sondern abwarten müssen, wie sie sich entwickelt. Wir können zwar zum Arzt gehen, aber auch er kann sie in der Regel nicht wegzaubern. Manchmal sind wir gezwungen auszuharren, abzuwarten und nach einem Zeichen Ausschau zu halten, das uns bessere Zeiten bringt. Es tönt recht negativ, als müsste man Situationen einfach unverändert über sich ergehen lassen. Doch es gibt im Leben sehr wohl Situationen, die wir verändern können, und andere, die sich auf unserem Weg befinden, die wir nicht einfach loswerden können. In diesen Situationen sind Ausdauer gefragt und der Glaube, dass sich das Leben für uns auch wieder von seiner freundlichen Seite zeigen wird.

Wieso ändern wir unbefriedigende Situationen nicht?

Eine Beziehung passt nicht mehr. Wir sind nicht mehr getragen von der Leichtigkeit, die wir ursprünglich verspürten. Die gemeinsam erlebten Gefühle sind träge und zum Teil fühlen wir uns auch abgestoßen. Der magische Schleier der Liebe verbindet uns nicht mehr. Vielleicht nimmt ihn nur noch ein Partner wahr oder sogar keiner mehr. Zusätzlich haben wir an allen Handlungen des Partners etwas auszusetzen. Das vormals positive Gefühl für seine/ihre Eigenschaften und Fähigkeiten ist verschwunden. Was wir vorher als gut und anziehend empfunden haben, lehnen wir ab und es stört uns. Trotzdem lassen wir den Partner nicht los und bleiben in dieser Verbindung stecken. Ist dies die Macht der Gewohnheit oder haben wir noch etwas zu lernen? Wenn wir nach dem Prinzip leben, dass wir nichts um uns haben, das uns nicht entspricht, müssten wir davon ausgehen. Vielleicht ist es die Vorstufe des Endes. Wenn wir in solchen Situationen nicht loslassen können, akzeptieren wir das und beobachten, wie sich das Ganze entwickelt. Diese unbefriedigende Situation kann sich auch auf den Beruf oder auf sonstige Bereiche unseres Lebens beziehen. Wichtig ist, dass wir uns nicht verurteilen, weil wir nicht handeln. Akzeptieren wir uns und das, was wir leben. Beobachten wir und erkennen die Zeichen, welche uns dadurch erkennbar werden, damit wir handeln können, wenn der Moment gekommen ist. Wir können auch um Einsicht bitten und dann beobachten. Dies gilt jedoch nur, wenn wir uns außerstande fühlen, zu handeln. Wenn wir klar das Bedürfnis nach Handeln verspüren, ist der Moment dafür gekommen.

Vervollkommnung

Alles ist vollkommen, wie es ist. Mit unserem Verstand erkennen wir Mängel. Wir haben unsere Vorstellung, wie unser Leben sein sollte. Entwickelt sich unser Leben nicht nach unseren Vorstellungen, sind wir enttäuscht. Halten wir an unseren Vorstellungen fest, fühlen wir uns weiterhin vom Leben betrogen. Gehen wir grundsätzlich von keinen Vorstellungen aus und nehmen an, dass alles, was uns umgibt, zu uns gehört. Dann erkennen wir, dass alles vollkommen ist. Ändern wir uns, ändern sich auch unsere Lebensumstände. Doch wie sollen wir uns ändern? Wenn wir nicht mehr gegen das Leben ankämpfen, in dem wir leben, ändert sich bereits unser Bewusstsein. Lernen wir urteilslos unser Leben zu betrachten und es zu akzeptieren, wie es ist. Dann werden wir in uns eine Entspannung erkennen und können unsere Erwartungen loslassen. Wenn wir dann einen Schritt weitergehen und erkennen können, dass die Entwicklung zur Änderung unseres Lebens bei uns liegt, können wir anfangen, an uns zu arbeiten. Solange wir versuchen, die anderen zu ändern, werden wir uns nicht verändern. Zudem ist es sehr schwierig, andere ändern zu wollen. Durch das urteilslose Betrachten unseres Lebens erkennen wir auch Bereiche, die der Entwicklung bedürfen. An diesen Bereichen können wir dann arbeiten. Wir können die ganze Energie, welche wir für das Ändern der anderen einsetzten, zurücknehmen und für uns einsetzen. Wichtig ist, dass wir lernen, das uns Umgebende zu lesen. So erkennen wir, was wir leben. Bekommen wir von unserem Partner nicht die Nähe und Zärtlichkeit, die wir brauchen? Wie sieht es in diesem Zusammenhang mit unserer eigenen Wertschätzung aus? Haben wir das Gefühl, dass wir es verdienen, Beachtung und Zärtlichkeit zu erhalten? So können wir anfangen, uns zuerst selbst wertzuschätzen und unsere Bedürfnisse zu befriedigen. Dieser Weg wird uns schlussendlich zu dem führen, was wir uns wünschen. Alles, was wir uns wünschen, hat seine Entsprechung in uns selbst. Gehen wir selbst mit uns nicht liebevoll um, werden es auch die anderen nicht tun. Wir verdienen, was wir uns innerlich zugestehen.

Lebensnöte

Manchmal scheint es wieder, dass das Leben sehr mühsam ist. Trotz aller geistigen Erkenntnisse gibt es immer wieder Zeiten der Verwirrung. Die Fenster des Geistes sind nicht klar und wir sind immer wieder am Überlegen, wieso wir in diesen Lebenssituationen sind und das Leben sich nicht nach unseren Vorstellungen entwickelt. Woran mag das liegen? Der Zweifel nagt an uns. Was macht das Ganze für einen Sinn?, fragen wir uns. Sind wir wirklich auf dem richtigen Weg? Da heißt es einfach, Zähne zusammenbeißen und weitermachen. Es bringt uns nicht weiter, wenn wir immer wieder unsere Gedanken kreisen lassen. Wir fühlen uns unglücklich und dieses Gefühl wird damit nur verstärkt. Vertrauen wir auf unsere höhere Führung und machen einfach wie bisher weiter. Wenn der Moment zu einer Veränderung nicht gekommen ist, verschleudern wir nur Energie und können die Situation trotzdem nicht befriedigend ändern. Seien wir guten Mutes, dass sich nach mühsamen Zeiten auch immer wieder Lichtblicke ergeben und wir uns glücklicher fühlen. Beobachten wir die Zeichen von innen und von außen, bis wir wieder klar sind und eine Veränderung der Situation herbeiführen können. Vielfach sind solche Unklarheiten und Verwirrungen vor einer Wende im Leben angesagt. Es ist die Phase der Reifung. Das Alte hat nicht mehr seine volle Gültigkeit und das Neue ist noch nicht da. Bleiben wir bewusst und sammeln uns innerlich. Seien wir nicht ungeduldig, ansonsten verlieren wir durch voreiliges Handeln den Überblick und kreieren damit größere Probleme. Vertrauen wir weiter und verlieren wir nicht den Mut.

Verbinden mit der göttlichen Ebene

Wir sind immer von allem umgeben. Die Ebene des Göttlichen sowie alle anderen Ebenen sind, je nach unserem Zugang, immer vorhanden. Es gelingt uns nur nicht immer, den Zugang zu allen Ebenen gemäß unserer persönlichen Verfassung zu erreichen. Je nach Entwicklung wird es jedoch immer einfacher, in die Ebene des Göttlichen einzutauchen und uns damit zu verbinden. Diese Ebene vermittelt uns die reinsten Energien. Da sie jedoch sehr stark sind, ist es auch gut, dass wir uns zuerst entwickeln und unseren Körper an diese Energien gewöhnen. Wenn es uns gelingt, mit unserem Geist die göttliche Ebene zu erreichen und diese Energie durch uns fließen zu lassen, können wir uns immer weiterentwickeln. Die göttliche Ebene hat auch ihre Hierarchien, welche uns – je nach unserer Stufe – offen oder verschlossen bleiben. Je bewusster und weiter fortgeschritten wir sind, desto reiner wird die Verbindung sein. Unsere spirituellen Wahrnehmungen werden sich verstärken und unser gesamtes System wird davon betroffen sein. Ab einer gewissen Stufe der geistigen Welt sind wir auf der göttlichen Stufe angelangt. Diese ermöglicht uns, nur noch mit Wesen der reinen Form zu kommunizieren. Falls wir uns mit dem Heilen beschäftigen und mit dieser Welt verbunden sind, werden wir bei den Heilungen diese reine Energie einbeziehen können. Ab diesem Zeitpunkt kann es zum sogenannten Wunder kommen, da dem Göttlichen nicht mehr die physischen Grenzen gesetzt sind. In der göttlichen Ebene herrschen Gesetze vor, die wir respektieren sollten. Falls wir diese nicht beachten, wird uns diese Ebene wieder verschlossen bleiben. Diese Gesetze dienen vor allem auch unserem eigenen Schutz. Je weiter wir kommen, desto größere Auswirkungen haben unsere Handlungen. Aus diesem Grund ist es wichtig, dass wir uns daran halten, damit wir keinen Missbrauch mit diesen Kräften betreiben können. Mit jedem Entwicklungsschritt werden wir lernen, was diese Stufen beinhalten. Mit den zusätzlichen Gaben sind auch gleichzeitig verschiedene Dinge nicht mehr möglich. Wir werden auch eine reinere Lebensweise entwickeln, je weiter wir voranschreiten. Dies ermöglicht uns auch, unseren Körper als Gefäß rein zu halten. Dieser Prozess kann jedoch nicht erzwungen werden. Er wird sich ab einer gewissen Entwicklungsstufe automatisch einstellen und die nötigen Einsichten werden uns offenbart. Wir haben jedoch einen freien Willen und können uns daran halten oder nicht.

Akzeptieren

Immer wieder sind wir gefordert zu akzeptieren, was das Leben uns bietet. Wenn alles so wäre, wie wir uns dies vorstellen, könnten wir das Leben ohne Probleme akzeptieren. Der Mann oder die Frau, die nicht unseren Vorstellungen entspricht, die Kinder, die nicht immer machen, was wir erwarten. Und trotzdem können wir uns nicht immer ohne Probleme von den uns umgebenden Personen oder Umständen trennen, die uns nicht passen und die nicht mit unseren Vorstellungen übereinstimmen. Eigentlich möchten wir, sind aber durch Bindungen und Gefühle nicht in der Lage, diese Trennung zu vollziehen. Wir können dagegen ankämpfen, weil sich das Leben nicht immer nach unseren Vorstellungen richtet. Doch es wird nur zu Frustrationen führen und schlussendlich zu einem sinnlosen Kampf. Es ist wichtig zu erkennen, wann wir etwas verändern können und sollten, wann die Zeit dazu nicht reif ist oder wenn sich Lebenssituationen trotz allem nicht verändern lassen. Was wir tun können, ist, die Situationen zu akzeptieren und uns nicht niederdrücken oder entmutigen zu lassen. Durch dieses Akzeptieren ergeben sich vielleicht plötzlich ganz andere Optionen. Es ist jedoch sinnlos, sich gegen das Leben selbst aufzulehnen und sich von Teilen oder von Gefühlen seiner selbst abzuspalten. Irgendwann holt uns das Leben wieder ein. Gewissen Lektionen können wir nicht entfliehen. Das Einzige, was uns begleitet, ist die Zuversicht, dass alles, was voll war, einmal leer wird, und umgekehrt, und dass sich das Leben immer verändert, ob wir das wollen oder nicht. So können wir versuchen, im Fluss zu bleiben und den Anforderungen an uns gerecht zu werden.

Übernommene Muster

Im Verlaufe des Lebens merken wir, dass gewisse Verhaltensweisen sich immer wiederholen. Gewisse Situationen laufen nach einem gewissen Muster ab. Wenn wir dies plötzlich bewusst wahrnehmen, könnte es sein, dass sich dahinter ein übernommenes Muster aus der Kindheit versteckt. Beispielsweise suchen wir uns immer Partner aus, die aus Verstandessicht unmöglich erscheinen, also unmögliche Beziehungen. Der Partner befindet sich auf der anderen Seite der Erdkugel (muss nicht zwingend nicht gehen, aber ist schwieriger), ist verheiratet, gewalttätig oder süchtig. Es gäbe auf den ersten Blick grundsätzlich sehr viel passendere Partner auf dieser Welt. Wieso suchen wir uns nicht diese aus und verlieben uns? Schauen wir einmal genauer hin, was sich in unserer Kindheit abgespielt hat. Haben wir ein Muster eines unserer Elternteile übernommen? Es geht auf keinen Fall um eine Schuldzuteilung, sondern darum, zu erkennen, was wir von unseren Eltern als erste Kontaktpersonen übernommen haben. Es müssen auch nicht zwingend die Eltern sein, wenn es andere Kontaktpersonen gab. Erlebten wir in der Kindheit, dass Beziehungen mit unpassenden Partnern eingegangen wurden? Welches Drama führen wir immer wieder auf? Manchmal suchen wir mit untrüglicher Gewissheit die entsprechenden „Akteure" aus, um unser Drama aus der Kindheit zu wiederholen. Häufig verbergen sich hinter diesen Mustern auch Glaubenssätze wie: „Ein Partner macht mich unglücklich oder wird mich verletzen." Versuchen wir, uns zu erinnern, was sich in unserer Kindheit abgespielt hat. Welche Rolle mit entsprechenden Mustern und Glaubenssätzen haben wir übernommen? Welche Energien (Muster) haften unserem System noch an? Wenn wir dies einmal erkannt haben, können wir in diese Energien gehen und versuchen, diese bewusst zu verändern. Häufig benötigen wir dazu einen Spezialisten. Wir können jedoch auch versuchen, es selbst aufzulösen. Folgende Übung können wir dazu anwenden:

Visualisieren wir eine Situation in der Kindheit, in welcher das Muster gelebt wurde. Falls Glaubenssätze dahinter stehen, nehmen wir diese auch immer dazu. Gehen wir energetisch in diese Situation. Dann visualisieren wir goldenes Licht und hüllen uns damit ein. Dies machen wir so lange, bis wir uns gut fühlen und alles von dieser Energie durchdrungen ist. Stellen wir uns dann vor, wie die Situation in einem idealen Wunschzustand aussähe. Visualisieren wir dies und bilden wir, wenn nötig, dazu auch neue, positive Glaubenssätze. Lassen wir uns mit diesen Bildern nochmals von dieser goldenen Energie von Kopf bis Fuß durchdringen. Diese Übung ist so oft zu wiederholen, bis wir in unserem Leben eine Veränderung feststellen. Der ganze Prozess kann unterstützt werden, wenn wir während des Tages die positiven Glaubenssätze wiederholen und uns vorstellen, wie unser Körper von diesem Gold durchdrungen ist und entsprechend leuchtet.

Lebensenergie tanken

Fühlen wir uns müde und abgespannt? Sind wir anfällig für Krankheiten? Dies sind immer Zeichen, dass wir zu wenig mit der universellen Lebensenergie verbunden sind. Wir haben zu wenig Lebensenergie in unserem physischen Körper. Mit der nachfolgenden Übung gelingt es uns, unseren Energielevel wieder anzuheben, sodass wir erneut voller Tatendrang unseren täglichen Verpflichtungen nachkommen können. Folgende Übung können wir dazu anwenden:

Legen wir uns auf den Rücken und entspannen uns völlig. Gehen wir bewusst durch unseren Körper und lassen zuerst die Füße, dann die Unterschenkel, die Oberschenkel, das Gesäß, den Unterleib, den Bauch, den Brustraum, die Finger, die Unterarme, die Oberarme, den Hals und den Kopf los. Bei einer verlängerten Einatmung konzentrieren wir uns auf einen Körperteil bei den Füßen anfangend, dann atmen wir langsam aus und lassen los. Schlussendlich ist unser ganzer Körper entspannt. Danach atmen wir die Farbe Rot langsam ein, visualisieren – wenn möglich – rote Farbe und füllen bei jeder Einatmung unseren Körper damit. Bei der Ausatmung lassen wir alle alten Energien aus unserem Körper ausströmen, welche unsere Lebensenergie nicht unterstützen. Diese Übung führen wir so lange durch, bis wir spüren, dass unser ganzer Körper mit Lebensenergie gefüllt ist. Dann bleiben wir noch eine Weile liegen, spüren in unseren Körper und stehen dann neu getankt und gestärkt auf.

Energetisches System ausgleichen

Auf einer nichtphysischen Ebene besteht unser System aus Energie. Dieses energetische System besitzt verschiedene Energiezentren. Wenn die Energiezentren ausgeglichen sind, fühlen wir uns ausbalanciert und voller Energie, Lebenskraft und -freude. Für die Ausbalancierung dieser Zentren können wir bewusst Farben atmen. Diese Atmung wird in der nachfolgenden Übung beschrieben.

Die gleiche Übung kann je nach gewünschter Wirkung mit anderen Farben durchgeführt werden. Die anderen Farben sind jedoch bewusst zu gebrauchen, da sie verschiedene Energiezentren (Chakren) – wie nachfolgend beschrieben – aktivieren und Energiezustände hervorrufen können. Je nach Absicht und Wirkung ist eine andere Farbe zu atmen. Wichtig ist, dass wir uns vor dem Atmen der Absicht bewusst sind. Bei gezielter Verstärkung gebrauchen wir die Farben einzeln. Beispielsweise wenn wir uns beruhigen wollen, atmen wir mit der Farbe Blau. Für Kreativität atmen wir die Farbe Grün. Wollen wir die Verstandeskraft stärken, nehmen wir die Farbe Gelb und für ein größeres Gefühl von Geborgenheit die Farbe Orange. Die Farbe Rosa atmen wir, um mehr Liebe zu empfinden. Mit der Farbe Violett aktivieren wir die Spiritualität. Die Farbe Gold reinigt unser ganzes System und führt uns eine starke Energie zu. Diese Farbenzuordnungen sind Beispiele und können in Verbindung mit den nachfolgenden Beschreibungen der Energiezentren noch andere beinhalten. Wichtig ist, dass wir bei der Atmung die Wirkungen auf uns beobachten und unsere eigene Wahrnehmung schärfen.

Diese Farbübungen können auch in einer einzigen Übung mit Fokussierung auf die einzelnen Energiezentren mit den entsprechenden Farben durchgeführt werden. Diese Energiezentren verbinden uns mit der energetischen Ebene. Auf dieser Ebene ist unser physisches System ausgeblendet und wir konzentrieren uns mit der Farbenübung auf die energetische Ebene. Je nach Gleich- oder Ungleichgewicht überwiegen gewisse Farben. Mit der Atmung auf die gesamten Zentren bewirken wir, dass wir nicht speziell fokussiert auf einen Zustand atmen, unser gesamtes System mit diesen Farben aufladen und harmonisieren. Dies erfolgt dann derart, dass wir uns zuerst – wie in der vorgehenden Übung beschrieben – entspannen (vgl. dazu Kapitel „Lebensenergie tanken"). Bei der fokussierten Farbenatmung visualisieren wir zuerst die Farbe Rot und atmen diese Farbe in unseren Wirbelsäulenanfang (Wurzelchakra) für unsere physischen Empfindungen wie Lust und Schmerz sowie für die Verankerung mit der physischen Ebene. Nachfolgend atmen wir die Farbe Orange für das Sakralchakra, welches sich ca. eine Handbreite unterhalb des Nabels befindet und unser Gefühlsleben anspricht. Mit der Atmung der gelben Farbe konzentrieren wir uns auf die Gegend, welche sich ca. eine Handbreit oberhalb des Nabels befindet (Solarplexus) und den Intellekt betrifft (Nabelchakra). Nachfolgend konzentrieren wir uns auf die rosa Farbe mit Fokussierung auf die Herzgegend (Herzchakra), welche unsere Liebesfähigkeit repräsentiert. Die grüne Farbe ist für den Kehlbereich (Kehlchakra), welcher unter anderem die Kraft des Wortes anspricht, und die blaue Farbe für den Raum zwischen den Augenbrauen (Energiezentrum „Drittes Auge" genannt) für die Wahrnehmung der energetischen Ebene. Mit der Atmung der violetten Farbe konzentrieren wir uns auf unseren Scheitel und sprechen damit unser Scheitelchakra an, welches uns mit den spirituellen Ebenen verbindet. Wenn wir uns auf die Zentren und auf die jeweilige Farbatmung konzentrieren, werden wir selbst spüren, wie lange die Atmung nötig ist, bis wir uns ausgeglichen fühlen.

Die gesamten Atmungen sind sehr wirkungsvoll und mit vollem Bewusstsein durchzuführen. Diese Übungen fördern unsere Eigenwahrnehmungen und sind ein Instrument, das uns helfen kann, uns zu harmonisieren und auszugleichen. Damit können wir unser gesamtes System gesund halten und werden nicht abhängig von Energien anderer. Es bewahrt uns somit unsere Unabhängigkeit, sodass wir auch eine Energiequelle für andere werden und nicht als Energiefresser anderen ihre Systeme anzapfen.

Verhalten von Süchtigen

Süchtige werden uns nie die Wahrheit sagen. Sie lügen uns an, weil sie immer recht haben müssen. Sie halten sich auch nicht für süchtig. Deshalb wird alles an ihr eigenes Weltbild angepasst. Ihre Wahrheit ist verzerrt. Sie behaupten in einem Moment das eine und im anderen etwas anderes. Dient es der Wahrheit, werden sie das Erzählte derart drehen, damit sie recht haben. Für andere ist das Ganze sehr verwirrend, weil sie nie herausfinden werden, was die Wahrheit ist, weil es sie nicht gibt. Süchtige leben im Moment. Für sie gibt es keine Wahrheit. Sie leben in einer eigenen Ebene.

Was steckt hinter diesem Verhalten? Durch die Sucht konzentrieren sich das Denken und Handeln auf das süchtig machende Objekt. Alles dient dazu, ihre Sucht leben zu können. Süchtig können wir auf vieles sein. Je nach Schwere der Sucht wird unser ganzes Leben auf diese Sucht reduziert. Alles andere verschwindet aus dem Fokus. Wir leben für und durch die Sucht, entfernen uns mehr und mehr von der Realität und unseren Nächsten. Die Quelle des Glücklichmachenden und des Lebenswerten liegt nicht im Göttlichen, sondern in der Sucht. Anfangs gibt uns die Sucht das Gefühl der göttlichen Energie (Glücksgefühl), ohne dass wir viel dazu tun müssen. Doch mit der Zeit bleibt nur noch das süchtige Element. Die Glücksgefühle verschwinden und übrig bleibt das Negative der Sucht, welches uns mit der Zeit zerstört. Wir werden zerstört, weil unsere Quelle die Sucht ist. Es ist keine echte Quelle, sondern nur ein Ersatz. Einzig die göttliche Quelle kann uns nachhaltig mit diesen Glücksgefühlen und der göttlichen Energie versorgen. Viele Süchtige sind spirituell suchende Menschen. Sie verwechseln jedoch das Glücksgefühl der Droge mit der echten Göttlichkeit. Süchtig sein hat viele Facetten. Wir können süchtig sein nach Alkohol, Drogen, Partnern,

Arbeit, gewünschtem Gewicht, Sexualität und vielem mehr. Wichtig ist, dass wir erkennen, dass dies alles nur Ersatz für die göttliche Glückseligkeit ist und uns von unserem Weg abbringt. Es sind die Versuchungen, denen wir unterliegen. Bei schwerwiegenden Süchten wie Alkohol und Drogen findet unser Leben schlussendlich nur noch fokussiert auf diese Sucht statt. Der ganze Radius wird eingeschränkt und wir verlieren die Sicht auf das Wesentliche. Wir erleben statt des Paradieses die Hölle auf Erden. Wir sind gebunden an eine physische Ebene und können unseren Geist, der mit der Zeit sehr schwer wird, nicht mehr in die göttliche Ebene erheben. Wir stumpfen mit unseren Sinnen ab, da diese ausgereizt werden. Um den Weg zurückzufinden, benötigen wir vielfach Hilfe eines Spezialisten und den Willen, dies wirklich zu wollen. Dennoch wird es auch dann ein beschwerlicher Weg, der von allen Betroffenen und Beteiligten viel Energie benötigt. Glauben wir an die Kraft des Göttlichen, kann uns diese helfen, die Sucht zu überwinden. Wenden wir uns Methoden zu, die diese Kraft des Göttlichen auf eine echte und dauerhafte Weise in uns fördern, können wir uns besser von der Sucht lösen und finden das Göttliche in uns selbst.

Erkennen des Richtigen

Wie können wir in einer Situation erkennen, was das Richtige ist? Beim Richtigen verspüren wir mehr Energie. Es ist ein inneres Ziehen. Vielfach häufen sich auch Ereignisse, die uns den Weg zeigen. Wenn wir beispielsweise in die Ferien gehen wollen und noch nicht wissen, wohin, treffen wir auf Menschen, die sich genau damit beschäftigen. Bei mehreren Alternativen fühlen wir uns immer zu etwas mehr oder weniger hingezogen. Irgendwann kommt der Moment, in dem alles in eine Richtung zielt und wir nur noch auf eines fokussiert sind. Es hat schlussendlich auch nicht mit dem Willen zu tun. Wir werden auch mit den Menschen in die Ferien gehen, die uns für diese Reise entsprechen. Vielleicht gibt es mit dem geplanten Menschen plötzlich Hindernisse, die es verhindern, dass wir mit diesem Menschen in die Ferien gehen. Für das Erkennen ist es jedoch wichtig, dass wir bewusst durch das Leben gehen. Die geistige Welt unterstützt uns auf unserem Weg. Wir müssen nur auf die Zeichen achten, die uns immer wieder unseren Weg weisen. Zudem sind das Vertrauen und die Hingabe in die geistige Welt erforderlich. Wir können nicht überall unseren Willen einsetzen, da nicht alles unserem Willen entspricht. Es sind in der Regel auch immer andere Menschen und Umstände in diese involviert, welche auch ihren Einfluss auf das Geschehen haben. Anerkennen wir, dass nicht alles für uns bestimmt ist und dass das Richtige schlussendlich, welches uns in unserem Wachstum unterstützt, in unserem Leben geschieht.

Fortgeschrittenes Bewusstsein

Wenn das Bewusstsein entwickelt ist, sind wir mit der Zeit fähig, selbst zu wählen, in welchem Bewusstsein wir unsere Zeit verbringen wollen. Es gibt jedoch Momente, in denen es wichtig ist, dass wir uns mit einer Sache intensiv auseinandersetzen. In solchen Momenten überlassen wir die Bewusstseinswahl dem Göttlichen und nehmen an, was es uns zu sagen hat und welchen Prozess wir zu durchlaufen haben. Es ist wichtig zu unterscheiden, wann solche Momente aktuell sind. Häufig können wir in unserer Freizeit das Programm selbst wählen. Wir sind nicht mehr getrieben von unserem Verstand, welcher fortwährend in unserem Bewusstsein frei seinen Raum beanspruchen kann, ohne dass wir zur Ruhe kommen. Mit fortgeschrittenem Bewusstsein gelingt es uns zudem, bewusst den Verstand auszuschalten, damit wir zur Ruhe kommen. Dieser Ruhezustand gibt uns die Möglichkeit, uns optimal zu erholen und die Ebenen des Seins zu erlangen. Das unkontrollierte Denken in unserem Gehirn hört auf. Wir treten in die Stille ein. Wir lösen uns von der materiellen Welt und begeben uns in die Verbindung mit allem. Dies lässt uns die Leichtigkeit des Seins spüren. Wir können dazu folgende Übung praktizieren:

Wir visualisieren unser Gehirn. Unser Bewusstsein konzentriert sich auf das Vorderteil des Gehirns unter Einbezug des Teils in der Mitte unserer Augenbrauen (Drittes Auge, vgl. dazu auch Kapitel „Energetisches System ausgleichen"). Wir beobachten die Gedanken wie ein Außenstehender und lassen diese an uns wie Wolken vorbeiziehen. Irgendwann kommt der Moment, an dem sie aufhören. Wenn wir nicht geübt sind, dauert es vielleicht länger, diesen Zustand zu erreichen. Manchmal kommt es vor, dass wir diesen Zustand sehr schnell erreichen. Es ist wichtig, uns Zeit zu lassen und nichts zu forcieren. Mit der Zeit kommen wir immer einfacher in diesen Zustand. Dann genügt das Konzentrieren auf diesen Vorderteil des Gehirns und wir schalten augenblicklich unseren Verstand ab und betreten einen Raum der Leere, welcher uns im Sein mit allem verbindet. Wir sind in diesem Zustand gleichzeitig offen für das Göttliche, welches ohne Gedanken viel besser mit uns kommunizieren kann. Genießen wir diesen Zustand, damit wir uns vom Alltag erholen und bewusst neue Energien tanken können. Normalerweise gelingt uns diese Erholung nur im Schlaf. Wir haben somit eine zusätzliche Möglichkeit, diesen Zustand auch nebst dem Schlafzustand zu erreichen.

Leben im Moment

Wenn es uns gelingt, im Moment zu sein, sind wir im Hier und Jetzt. Wir sind in diesem Moment weder in der Vergangenheit noch in der Zukunft, sondern im sogenannten „Sein". Es ist ein wacher und entspannter Zustand. Wir lösen uns von den Erfahrungen und nehmen alles auf eine neue Art wahr. Unseren Mitmenschen können wir unvoreingenommen begegnen. Dieses neue Einlassen erlaubt uns, unser Gegenüber völlig neu zu entdecken. Es gibt uns auch die Chance, unsere stereotypen Muster mit diesen Menschen bewusst wahrzunehmen und loszulassen. Wir erlauben uns auch, aus unseren Mustern auszusteigen. Dies gelingt uns jedoch nur, wenn wir uns von Erwartungen, Vergangenem und Zukünftigem lösen. Da wir in einer Welt leben, in der alles möglichst auf die Zukunft ausgerichtet ist und Vergangenheitswerte nur herangezogen werden, damit eine reelle Einschätzung möglich wird, sind wir gefordert, uns völlig neuen Dimensionen zu öffnen. Zudem müssen wir uns für einen Moment lang aus unseren gewohnten Mustern lösen und uns einer neuen Wirklichkeit öffnen. Dies kann für uns irritierend sein, da wir gewohnt sind, unsere Umwelt nach unserem in der Vergangenheit gefällten Urteil wahrzunehmen. Es braucht auch einige Übung, um uns auf einen Moment wirklich einzulassen und nichts anderes zuzulassen. Es kann auch Ängste auslösen, wenn neue Gefühle, welche für uns ungewohnt sind, auftauchen. Erst im Sein erleben wir, wie sich unser gesamter Körper, unser Geist und unsere Seele wirklich entspannen und sich immer wieder neuen Gefühlen und Empfindungen öffnen können. Lassen wir uns auf dieses spannende Experiment ein.

Übungsweise können wir uns erstmals auf eine Blume einlassen, um diese durch intensive Betrachtung in seiner Einzigartigkeit mit all unseren Sinnen wahrzunehmen. Wahrscheinlich werden wir die Blume in keinem Moment gleich sehen und keine Blume wird gleich sein wie die andere. Diese Aussagen können wir auf alles in unserer Umwelt übertragen. Was sich ähnelt, ist, dass das ganze Universum einen Anfang, eine Phase des Wachstums und bei der Zenitüberschreitung einen Zerfall hat, welcher am Ende für den Menschen mit dem Tod seine Erfüllung hat. So werden wir auch als Menschen verschiedene Stationen im Leben durchlaufen, und gleichwohl ist jeder Moment in sich wieder neu. Lassen wir uns auf dieses Experiment ein, indem wir uns regelmäßig immer wieder dem Leben durch Unvoreingenommenheit neu öffnen, und geben wir so unserer Umwelt die Chance, sich uns neu zu zeigen und sich nicht nach einem Muster verhalten zu müssen. In all diesen Momenten reichen wir unseren Mitmenschen die Hand, ein neues Stückchen ihrer Persönlichkeit zu entdecken und ein vertrautes altes Muster, das vielleicht schon lange keine Berechtigung mehr hatte, sterben zu lassen. Das Gleiche gilt auch für uns, wenn es uns gelingt, Neues an uns zu entdecken und uns darauf einzulassen. So werden wir mit dem Sterbe- und Werdeprozess bereits während unseres Lebens konfrontiert. Wir können erkennen, dass wir keine Angst haben müssen und eine Öffnung zu Neuem uns immer wieder die Chance gibt, uns und unser Leben neu zu erfinden. Über kurz oder lang können wir dadurch mehr Glückseligkeit erleben und ein Vertrauen in unseren Lebensweg aufbauen. Wir erhalten die Chance, auf einer neuen Ebene immer wieder neu geboren zu werden und vieles uns nicht mehr Weiterbringendes wie einen alten Rucksack abzuwerfen.

Herbeiwünschen

Wie können wir unser Leben verändern und das bekommen, was wir uns wünschen? Es gilt grundsätzlich, dass wir wünschen und diese Wünsche sich erfüllen können, falls es unserem höheren Wohl dient. Damit wir das Gewünschte anziehen, beginnen wir mit der Frage: Wie würde ich mich fühlen, wenn ich z. B. erfolgreich wäre? Nach dem geistig oder laut ausgesprochenen Wunsch beobachten wir, ob wir uns dabei gut fühlen, und betrachten die möglichen Bilder, die in diesem Zusammenhang auftauchen. Wichtig ist, dass wir die Position des Beobachters einnehmen. Fühlen wir uns gut, sind wir auf dem richtigen Weg. Wir können diese Wunschfreisetzung so oft wir wollen wiederholen. Diese Methode reizt unser Unterbewusstsein nicht, gegen uns zu arbeiten. Es führt somit zu keiner Gegenbewegung, damit das Alte und Vertraute nicht losgelassen werden muss. Wir schaffen durch dieses Wünschen optimale Voraussetzungen, damit wir das Ziel auch erreichen können.

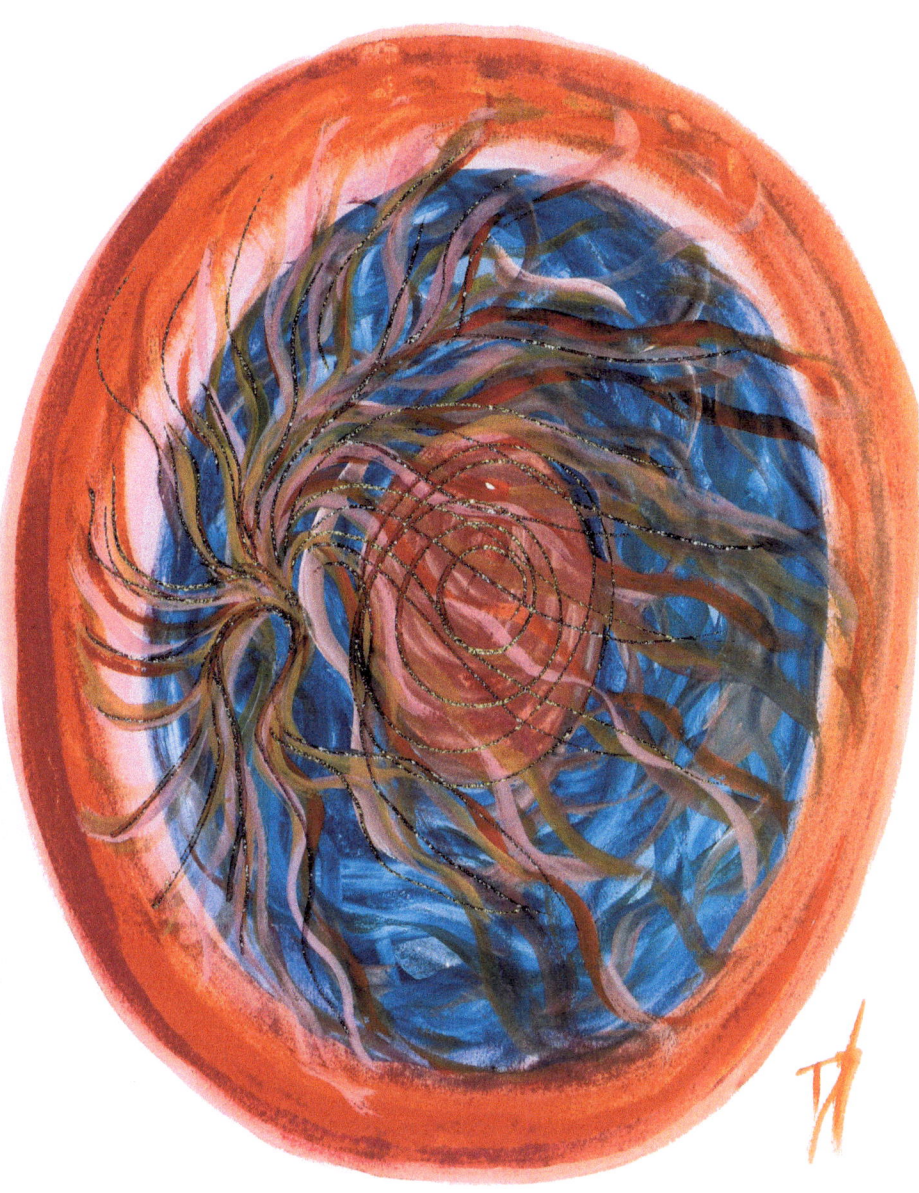

Energien integrieren

Manchmal verspüren wir in uns den Drang, beispielsweise eine Reise in ein anderes Land zu unternehmen. Zögern wir nicht, dies auszuführen. In der Regel steckt dahinter der Wunsch, eine entsprechende Energie im Zusammenhang mit diesem Land zu integrieren. Dies kann auch im Zusammenhang mit sonstigen Vorhaben erfolgen. Wichtig ist, dass wir dem Drang nach Möglichkeit nachgeben und somit der Entwicklung unserer spirituellen Persönlichkeit nicht im Wege stehen, sondern diese unterstützen.

Energetisches System reinigen

Damit unsere Energiezentren gereinigt werden und wir mehr Licht in uns aufnehmen können, ist folgende Übung zu machen:

Wir atmen durch unser Kronenchakra Licht ein und atmen dieses bei allen Zentren (Drittes Auge, Kehl-, Herz-, Nabel-, Sakral- und Wurzelchakra) aus (vgl. dazu auch Kapitel „Energetisches System ausgleichen"). Dabei lassen wir alles Verhockte und Schwere mit Licht aus den Zentren ausströmen, damit wir frei von Ballast werden und Krankheiten keine Chance haben. Die Ausatmung erfolgt stufenweise, damit der ganze Körper schlussendlich nur noch lichtvoll strahlt. Diese Übung wiederholen wir so lange, bis alles Schwere aus dem Körper weggeatmet ist. Wir machen diese Übung, solange wir möchten. Fühlen wir, dass wir die Schwere nicht einmalig wegbringen, werden wir die Reinigung zu einem späteren, uns passenden Zeitpunkt nochmals vornehmen.

Erweckung des Dritten Auges

Bitten wir unser höheres Selbst, uns zwischen den Augenbrauen beim Dritten Auge geistig ein Sechseck zu tätowieren (vgl. dazu auch Kapitel „Energetisches System ausgleichen"). Diese Tätowierung erfolgt stufenweise. Zuerst ein blaues Dreieck, welches mit der Spitze nach unten zeigt, dann ein rotes Dreieck, bei welchem die Spitze nach oben zeigt. Schlussendlich bildet sich ein Sechseck, welches die weiblichen und männlichen Energien vereint. Die Tätowierung ist so lange vorzunehmen, bis wir das Gefühl haben, dass dieses Sechseck auf dem Dritten Auge verinnerlicht ist. Dieses Sechseck kann für Visualisierungen sowie auch für das Heilen eingesetzt werden.

Heilen

Wir atmen weißes Licht durch unser Kronenchakra ein, welches wir als Stern visualisieren und lassen es aus der Mitte des Sterns ausströmen. Somit ist sichergestellt, dass wir nicht unsere eigene Energie anzapfen, sondern die universelle Energie als Quelle benutzen (vgl. dazu auch Kapitel „Energetisches System ausgleichen").

Um die Heilung zu verstärken, bitten wir unser höheres Selbst, bei unseren Chakren Kristalle in Sechseckform zu implementieren, welche mit einer Spitze nach außen zeigen. So können wir die Energie gebündelt über das Kronenchakra einatmen und stufenweise über die einzelnen Chakren, angefangen beim Dritten Auge, mit weißem Licht ausatmen. Somit können die Kristalle wie Laser benutzt werden, welche die Energie wie Laserlicht ausströmen lassen. Je nach Intensität kann für die Heilung weißes Licht, bei einer nötigen Verstärkung silbriges und bei einer weiteren Verstärkung goldenes Licht ausgestrahlt werden. Bei einer ersten Behandlung sollte mit weißem Licht angefangen werden. Je nach Wahrnehmung kann jedoch schon bei der ersten Benutzung Silber oder Gold eingesetzt werden. Diese Heilung kann für uns selbst oder für Dritte vorgenommen werden. Für Dritte können die Chakren der Reihe nach oder intuitiv in anderer Reihenfolge eingesetzt werden.

Licht- und Farbenatmung

Bei der Lichtatmung über die einzelnen Zentren können die Kristalle (vgl. dazu auch Kapitel „Heilen") je nach Wirkung des aufgenommenen Lichtes nebst Beizug von goldiger und silbriger Farbe auch mit folgenden Farben gezielt unterstützt werden:

Rot: zur Aktivierung
Orange: zur Förderung der Geborgenheit
Gelb: zur Stärkung der Verstandeskraft
Rosa: zur Förderung der Liebesfähigkeit
Grün: zur Förderung der Kreativität
Blau: zur Beruhigung und Verbindung mit der energetischen Ebene
Violett: zur Förderung der Spiritualität

Die Ausatmung erfolgt auch wieder stufenweise und kann für sich selbst oder für Dritte angewendet werden. Je mehr wir die Atmung praktizieren, desto einfacher werden wir intuitiv die für uns richtige Farbe benutzen. Grundsätzlich sind die Farben nach der Energiezentrenzuteilung (vgl. dazu auch das Kapitel „Energetisches System ausgleichen") anzuwenden. Bei keiner klaren Farbenzuteilung ist Weiß als Ausatmungsfarbe sicher immer das Richtige, da es alle Farben in sich vereint.

Vertrauen

Wir sind immer wieder herausgefordert in unserem Glauben, dass das Leben gut und sinnvoll ist. Manche Widrigkeiten begegnen uns auf unserem Lebensweg. Welcher Sinn sollte dahinter stecken, dass wir unseren Lebenspartner oder unseren Job verlieren? Wir können höchstens darauf vertrauen, dass nach Beendigung eines Abschnittes in allen unseren Lebenssituationen eine neue Tür aufgeht. Es ist jedoch unabdingbar, dass wir diese neue Tür vertrauensvoll öffnen können. Alles in unserem Leben hat seine Zeit. Wir haben Zeiten der Freude, der Sorgen, der Trauer, der Schmerzen usw. Geben wir all diesen Zeiten den nötigen Raum. Irgendwann ist der Moment da, in welchem wir vertrauensvoll nach vorne schauen und uns dem Leben wieder öffnen sollten. Dann kann uns das Leben auch wieder beschenken, solange wir für diese Geschenke offen bleiben. Wir haben immer die Möglichkeit, das Glas halb voll oder halb leer zu sehen. Es ist uns überlassen, welche Brille wir bevorzugen. Unser Leben wird jedoch leichter sein, wenn wir uns das Glas halb voll vorstellen. Wir sind generell optimistischer und ziehen somit wieder mehr gute Dinge an. Gewöhnen wir uns an, für die guten Dinge in unserem Leben dankbar zu sein. Es wird uns viel eher gelingen, ein Leben in Zufriedenheit und Glück zu führen. Wenn wir uns dauernd auf die Dinge konzentrieren, die nicht perfekt sind, werden wir mit der Zeit immer unzufriedener und unser Leben erscheint uns immer mühsamer. Gelingt es uns, die Brille auch in schwierigen Situationen im Leben auf das Gute auszurichten, werden wir Dankbarkeit erleben und mehr Fülle in unser Leben einlassen. Mit einer generell positiven Einstellung werden wir ein erfüllteres Leben führen und für unsere Mitmenschen einen Hoffnungsträger darstellen. Denken wir daran, es ist einfach, in problemlosen Lebenssituationen zu glauben. Schwieriger ist es, den Glauben in problembeladenen Lebenssituationen nicht zu verlieren. Hierbei werden wir herausgefordert, unseren Glauben zu leben und daran zu wachsen.

Energie aufbauen

Mit mehreren Personen können wir gezielt mehr Energie aufbauen. Wir können dies physisch mit mehreren Personen an einem Ort vollziehen oder wenn viele Personen über Distanzen sich auf das Gleiche konzentrieren. Damit erreichen wir, dass mehr Energie – als allein möglich – aufgebaut wird. Diese Energien können für das spirituelle Arbeiten in der Gruppe oder für ein größeres Ziel genutzt werden. Beispielsweise konzentrieren sich alle auf Licht und senden dieses unserer Erde. Wichtig ist, dass das Ziel immer dem Einzelnen und dem größeren Ganzen dient. Diese Energie sollte niemals zum Schaden von anderen eingesetzt werden. Da alles Energetische eine Rückwirkung auf den Absender hat, würde sich dies schlussendlich negativ auf den Einzelnen und das Ganze auswirken, da alles miteinander verbunden ist. Bei der Gruppenarbeit ist es sinnvoll, wenn die Personen, falls möglich, sich im Kreis miteinander auf mehr Energie für beispielsweise spirituelles Arbeiten konzentrieren.

In die Leere gehen

Manchmal gibt es im Leben sehr belastende Dinge, die wir nicht ausblenden können. Es ist jedoch nicht förderlich, wenn wir uns dauernd mit diesen Dingen beschäftigen. Dies würde bedeuten, dass wir uns immer mit dieser schweren Energie beladen und nicht mehr in eine Entspannungsphase kommen. Wir würden uns mit der Zeit ausgelaugt und energielos fühlen. Umso wichtiger ist es, uns von Zeit zu Zeit aus dieser Belastung herauszunehmen. Wenn wir in die Leere gehen, das heißt, alle Gedanken an uns vorbeiziehen lassen und uns im Nichts ausruhen, erleben wir punktuell Momente, in welchen wir uns freier fühlen und uns erholen können. Alles Schwere fällt von uns ab und wir genießen dieses Ausruhen in unserem Geist. Wir kommen bei uns im Innersten an, können uns entspannen und uns einfach treiben lassen. Sobald wir uns wieder ausgeruht und gestärkt fühlen, können wir uns wieder besser um die Belastungen in unserem Leben kümmern. Dazu können wir folgende Übung anwenden (vgl. dazu auch Kapitel „Fortgeschrittenes Bewusstsein"):

Setzen oder legen wir uns an einen ruhigen Ort. Bei Geübten gelingt es in allen Situationen. Wir beobachten unseren Atem. Wir atmen ruhig ein und aus. Wir lassen die Gedanken an uns vorbeiziehen wie Wolken. Wir distanzieren uns von allem und lassen, falls wieder neue Gedanken aufkommen, auch diese vorbeiziehen. Bei einiger Übung gelingt es uns immer besser und schneller, in die Phase des Nichts zu kommen. Ab einem gewissen Zeitpunkt folgen keine Gedanken mehr und es stellt sich eine wohltuende Leere in uns ein. In dieser Leere können wir uns entspannen und so lange verweilen, wie es uns gut tut. Dann kommen wir langsam wieder in unser Tagesbewusstsein und können uns gestärkt erneut den Anforderungen des Lebens stellen.

Die Leichtigkeit des Seins und Verantwortung übernehmen

Gehen wir immer wieder bewusst in dieses Sein. Versuchen wir, das Leben zu nehmen, wie es ist, und machen wir uns nicht unnötige Sorgen. Handeln wir, wenn es unsere Aufgabe ist, etwas zu tun. Beobachten wir, damit wir erkennen, wann wir handeln müssen und wann es die Aufgabe anderer ist. Die Verantwortung für unser Leben liegt bei uns, wie auch die Verantwortung für ihr Leben bei den anderen liegt. Lassen wir uns nicht von den anderen beladen und benutzen, sodass sie sich aus der Verantwortung ziehen können. Die Leichtigkeit des Seins gibt uns die Möglichkeit, uns zwischendurch auszuruhen. Wir können die Seele baumeln lassen. Diese Leichtigkeit spüren wir immer dann, wenn wir uns bewusst vom Alltag lösen und uns in das Sein zurückziehen. Wir lassen dazu alle Gedanken los und überlassen uns dem Sein wie im Kapitel „In die Leere gehen" beschrieben. Wenn wir die Verantwortung für das Leben anderer übernehmen, außer bei unseren Kindern, wo es unsere Pflicht ist, verhindern wir, dass diese Personen erwachsen werden. Wir bürden uns eine Pflicht auf und die anderen entledigen sich einer Pflicht. Wir übernehmen zu viel und sie zu wenig an Verantwortung. Sie können nicht wachsen und sind letztlich in einem Abhängigkeitsverhältnis. Sicher gibt es immer wieder Ausnahmen, in welchen Krankheiten es verunmöglichen, dass Menschen noch über ihr Leben bestimmen können. Wichtig ist jedoch zu erkennen, wo uns andere benutzen, um sich der Verantwortung des Lebens nicht zu stellen. Schlussendlich übernehmen wir die Verantwortung für ihr Leben und sind auch dafür verantwortlich, wenn sich etwas im Leben dieser Personen nicht in die gewünschte Richtung bewegt. Natürlich gibt es auch Führungssituationen, wo wir uns entscheiden, für andere eine gewisse Verantwortung zu übernehmen. Aber auch bei der

Übernahme dieser Führungsfunktion sind wir gefordert, nicht mehr Verantwortung als nötig zu übernehmen. Wichtig ist, genau hinzuschauen und sich – wenn nötig – abzugrenzen. Erkennen wir, was getan werden muss, und entspannen sowie tanken wir uns zwischendurch in der Leere auf. So können wir immer wieder zu unserer Quelle zurückkehren, die nötige Entspannung in unserem Leben erfahren und neue Kraft für unsere täglichen Herausforderungen schöpfen.

Dämonen in Form von Süchten

Niedrige Energiewesen versuchen immer wieder, über uns Menschen Macht zu gewinnen und ihre Daseinsberechtigung zu stärken. Je reiner wir unser System halten, desto weniger sind wir anfällig, ein Gefäß für diese Energiewesen zu werden. Jegliche niedrige Schwingung in uns macht es jedoch einfacher, dass wir von diesen sogenannten Dämonen heimgesucht werden. Nehmen wir beispielsweise die Sucht. Je mehr wir uns hingeben und uns auf das Scheinversprechen der erhöhten Energien, welche durch die Sucht künstlich ausgelöst werden, einlassen, desto höher ist der Preis, den wir bezahlen. Wir werden Gefäße für diese Energien, fühlen uns im Nachhinein schlecht und möchten uns wieder diesem Rausch, welcher jedoch nur kurzfristig Erlösung verspricht, hingeben. Die Spirale dreht sich jedoch immer schneller und die Verunreinigung unseres Systems bietet immer mehr Spielraum für diese niedrigen Energieformen. Diese können nur über Energie am Leben gehalten werden und ihr Unwesen treiben. Den höchsten Schutz können wir dadurch erlangen, dass wir unser System möglichst rein halten und nach der echten Erleuchtung streben. Die Sucht hat viele Gesichter. Sie versteckt sich manchmal auch hinter geliebten Menschen, welche versuchen, uns in ihre Sucht zu verstricken. Wichtig ist, dass wir uns dessen bewusst sind und uns nicht auf diese Negativitäten einlassen. Wenn nötig, müssen wir uns auch bewusst abgrenzen und den geliebten Menschen die Entscheidung überlassen, ob sie in ihrer Sucht verhaftet bleiben wollen oder nicht. Jeder Mensch hat einen freien Willen und hat auch das Recht zu entscheiden, was er leben will. Menschen, die süchtig sind, haben ihre Hauptbeziehung mit der Sucht und sind nicht mehr fähig, wirklich eine befriedigende Beziehung mit Geben und Nehmen einzugehen. Sie sind ihrer Sucht verpflichtet und benutzen ihre Umgebung, um diese zu befriedigen. Sie werden jedoch alles versuchen, meistens auf höchst manipulative Weise, ihre Umgebung in ihrem Sinne zu beeinflussen. Seien wir uns dessen bewusst, sodass wir dieses Spiel durchschauen, ihre Sucht nicht weiter unterstützen und uns nicht mit in den Abgrund ziehen lassen. Sind wir in solche Situationen verstrickt, hat es auch in uns eine Resonanz. Diese gilt es anzuschauen, zu bearbeiten und loszulassen. Schauen wir bei uns genau hin und benutzen die Zeit und Energie für uns, damit wir gesunde und aufbauende Beziehungen anziehen können. Ansonsten versuchen wir das Unmögliche, einen Menschen aus seiner Sucht zu führen, welcher vielleicht gar nicht gewillt ist, seine Sucht loszulassen. Es ist schon schwierig genug, sich selbst zu ändern. Deshalb überlassen wir den anderen Menschen ihren Willen zu entscheiden, was sie leben wollen. Wir können höchstens entscheiden, ob wir mitmachen oder uns von ungesunden Mechanismen trennen wollen. Die Entscheidung liegt schlussendlich bei uns. Also entscheiden wir uns und leben damit.

Schicksal

Die Wege des Schicksals sind manchmal unergründlich. Gibt es ein Schicksal oder nicht? Diese Frage kann wohl jeder von uns nur für sich selbst beantworten. Gehen wir davon aus, dass sich keine Begegnungen in unserem Leben zufällig ereignen. Sobald wir solche Möglichkeiten zulassen, können wir hinter Begegnungen auch die Botschaften erkennen. Es können sich auch neue Chancen ergeben und uns auf unserem Weg weiterführen. Das Leben bekommt einen größeren Sinn, wir können auf unserem Weg die Zeichen wahrnehmen, sie mit der Zeit auch als Wegweiser erkennen und merken, dass jegliche Situationen im Leben zwei Seiten in sich tragen. Nichts ist ausschließlich gut oder schlecht. Wichtig ist, dass wir uns auf solche Begebenheiten einlassen und für die tieferen Botschaften im Leben offen werden. Dies gibt uns die Möglichkeit, gelassener und balancierter durchs Leben zu gehen. Wir können die tieferen Muster und Zusammenhänge des Lebens erkennen und durch dieses Erkennen mehr Zuversicht entwickeln. Mit der Zeit werden wir wie wettererprobte Bäume, die nicht mehr so schnell aus der Ruhe gebracht werden können.

Blockaden auflösen mit Christusenergie

Wenn wir uns seelisch, geistig und oder körperlich blockiert fühlen, können wir diese Blockaden mit folgender Übung auflösen:

Wir setzen oder legen uns hin und schließen die Augen. Die Konzentration ist auf dem Wurzelchakra, das heißt am Anfang der Wirbelsäule. Wir visualisieren geistig eine weiße Energie und benennen sie von der Stärke der Schwingung her mit Christusenergie. Wir spüren diese weiße und starke Energie am Anfang der Wirbelsäule und lassen sie langsam unter Aufrichten der Wirbelsäule die ganze Wirbelsäule entlangsteigen. Wir atmen völlig ruhig und entspannt und beobachten dabei die sich einstellenden Empfindungen. Wenn wir das Gefühl haben, die Energie müsste bei einem Punkt länger verweilen, lassen wir das zu. Wenn wir am Ende der Wirbelsäule angelangt sind, gehen wir weiter mit dem Hals bis zum Scheitel. Wir machen diese Übung langsam und konzentriert. Wenn wir mit der Übung fertig sind, bleiben wir noch einen Moment liegen und entspannen uns. Sobald wir uns danach fühlen, strecken wir langsam unsere Glieder, öffnen die Augen und sind wieder voll im Hier und Jetzt.

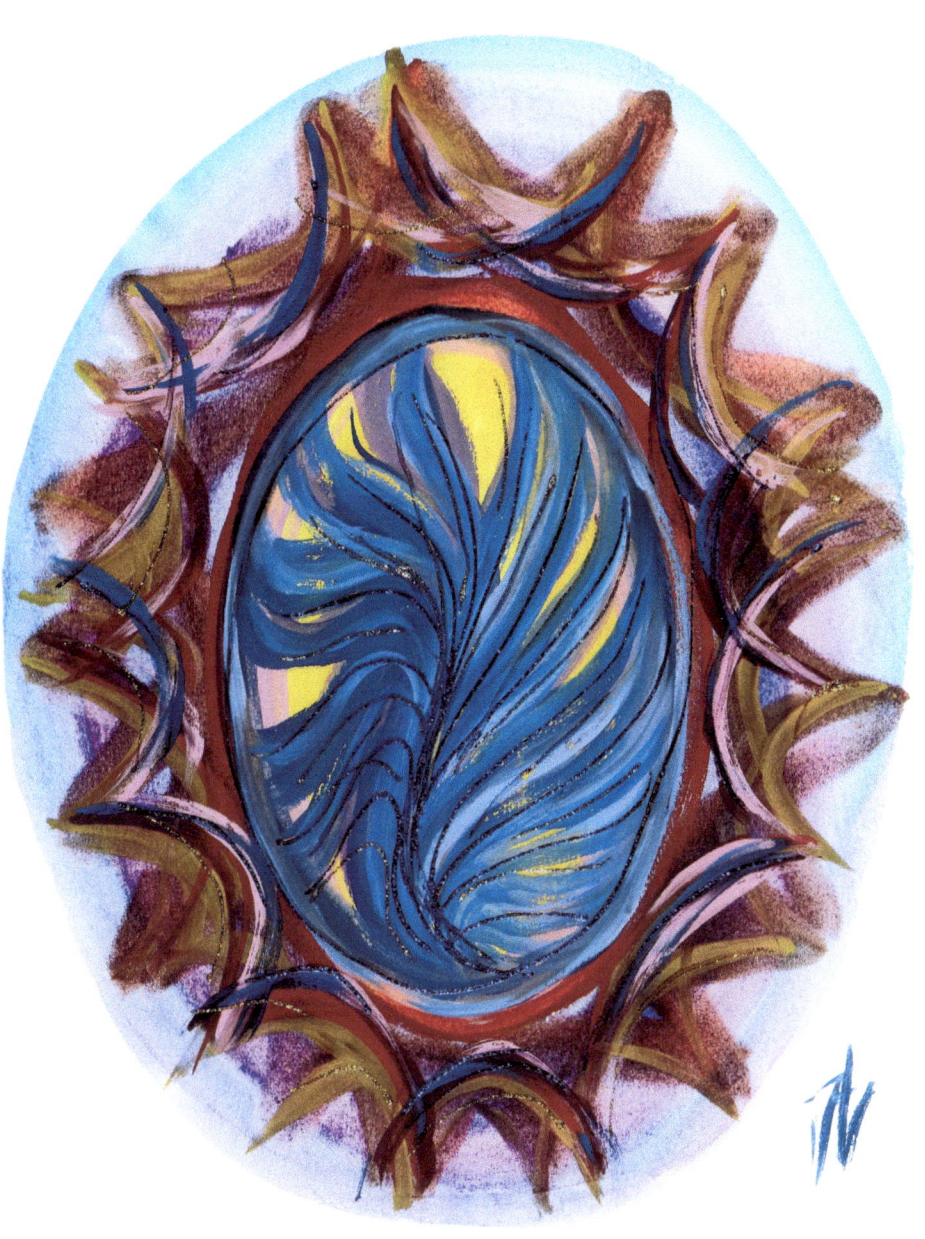

Immer wieder vertrauen

Wir sind immer wieder aufgefordert zu vertrauen. Das Leben läuft nicht immer nach unseren Wunschvorstellungen. Doch sind wir immer wieder aufgefordert, das Beste daraus zu machen. Es geht uns einfacher, wenn wir einen Sinn darin sehen können. Doch diesen erkennen wir meistens erst im Nachhinein, wenn überhaupt. Es bleibt uns in der Regel nichts anderes übrig, als das zu akzeptieren, was uns das Leben gerade bietet. Manchmal können wir trotz Anstrengungen nichts daran ändern. Wenn wir unser Bestes gegeben haben, können wir darauf vertrauen, dass wir nicht mehr hätten tun können. Vertrauen wir immer wieder darauf, dass Ereignisse sinnvoll sind und uns schlussendlich auf unserem Lebensweg weiterbringen. Mit dieser Einstellung können wir ein Grundvertrauen zum Leben aufbauen und uns immer wieder vertrauensvoll dem Leben öffnen.

Dunkle Zeiten

Immer wieder erleben wir Zeiten, in welchen wir das Leben als Last empfinden. Wir fühlen uns von allen Seiten beladen. Es kommen immer noch mehr Belastungen dazu. In solchen Zeiten zweifeln wir daran, dass es jemals wieder aufwärts gehen wird. Es sind die dunklen Zeiten, die in der Regel vor der lichtvollen Zeit stehen. In solchen Zeiten sollten wir uns immer wieder darauf besinnen, dass auf Schatten Licht folgt, auch dass wir den Glauben nicht verlieren sollen und dass das Leben einen Wandel darstellt. In solchen Zeiten ist es sinnvoll, genauer hinzuschauen und möglicherweise eine andere Richtung im Leben einzuschlagen. Es kann nötig sein, dass wir in uns gehen und uns auch die benötigte Zeit nehmen. Vielleicht müssen Seiten an uns noch geläutert werden, bevor ein Neuanfang erfolgen kann. Es kann auch sein, dass wir das Wissen von Spezialisten benötigen und uns dieses auch holen, um gewisse Situationen besser zu verstehen. Wichtig ist auch, dass wir uns nicht auflehnen, sondern uns auf diesen Prozess einlassen, welcher in unserem Leben scheinbar ansteht. Hier sind wir vermehrt gefordert, den Glauben an das Gute des Lebens nicht zu verlieren und sich den uns gestellten Aufgaben anzunehmen. Wir können nicht die ganze Last der Welt auf unsere Schultern nehmen und tragen. Vertrauen wir auf die göttliche Fügung, übergeben wir diese Lasten und bemühen uns gleichwohl, das Beste zu geben. Die Bitte an unser höheres Selbst und an Gott, dass sie uns den Mut und die Kraft sowie den Weg weisen sollen, kann uns helfen, in dieser Situation nicht zu verzweifeln. Versuchen wir auch zu spüren, dass wir nicht allein sind. Vertrauen wir darauf, dass alles einen Sinn hat, den wir sicher zu einem späteren Zeitpunkt verstehen werden, und danken wir diesen göttlichen Kräften für ihre Unterstützung.

Zeichen deuten

Ab einem gewissen Zeitpunkt in unserer Entwicklung bekommen wir immer mehr Zeichen, damit wir erkennen können, welches unser richtiger Weg ist. Wir haben dann die Aufgabe, diese Zeichen richtig zu deuten. Dies ist nicht immer einfach. Wir bekommen somit eine zusätzliche Hilfe, um zu erkennen, was für uns der angesagte Weg ist. Doch haben wir auch die Möglichkeit, diese Zeichen nicht zu beachten. Wenn diese Zeichen auftauchen, könnten wir zuerst meinen, es handle sich um eigenartige Zufälle. Doch mit der Zeit erkennen wir, dass es so viele Zufälligkeiten gar nicht geben kann. Wenn wir nicht sicher sind, was uns die Zeichen sagen wollen, können wir unser höheres Selbst zurate ziehen und mit ihm kommunizieren. Es sollte uns eine Antwort in Form von Eingebung geben. Diese kann direkt (z. B. Stimmen) oder indirekt (z. B. Träume, körperliche Signale) erfolgen. Es werden uns so lange Zeichen gegeben, bis wir die Botschaft, die wir erkennen sollten, verstanden haben. Wichtig ist, dass wir uns auf diese Ebene einlassen und leiten lassen. Mit dieser zusätzlichen Hilfe im Leben erkennen wir immer mehr, dass wir eine Führung haben, die wir dankbar annehmen sollten. Sie hilft uns, unsere Lebensaufgabe direkt anzugehen und sich nicht im Dschungel der physischen Welt zu verlieren, sondern immer in Kontakt mit der geistig spirituellen Welt zu bleiben. Es erspart uns auch, unnötige Schlaufen in unserem Leben zu drehen und zu lernende Lektionen direkter anzugehen.

Gefangen in Situationen

Gewisse Situationen im Leben können wir nicht einfach beenden, obwohl wir dies möchten. Beispielsweise leben wir in einer Beziehung, welche vordergründig nicht unseren Bedürfnissen entspricht. Oder wir haben einen unbefriedigenden Job und sehnen uns nach etwas anderem. Trotz aller Bemühungen gelingt es uns nicht, diese Situationen zu verändern. Wir bewerben uns für andere Jobs, aber es bietet sich kein anderer Job an. Wir sind in dieser Situation wie gefangen. Aber trotzdem wir die Beziehung beenden möchten, sind wir gefühlsmäßig gebunden. Es bietet sich auch nach intensiven Bemühungen keine Alternative an. Wir können verzweifeln oder uns in dieses Schicksal ergeben und das Beste daraus machen. Wenn wir nach dem Gesetz der Resonanz gehen, müssen wir uns so lange verändern, bis wir etwas anderes anziehen. In solchen Zeiten sind wir gefordert, bei uns selbst den ersten Schritt zu machen. Wenn wir uns erst verändern, verändert sich auch unsere Umwelt. Wir haben plötzlich auch im Äußeren andere Möglichkeiten und treffen auf andere Situationen. Deshalb sind wir gefordert, zuerst bei uns diesen ersten Schritt zu tun. Seien wir in solchen Situationen nicht zu ungeduldig und allzu bemüht, nach vorn zu preschen. Es gibt Zeiten, in denen wir uns um unsere Natur zu kümmern haben und etwas anderes zuerst reifen muss. Dann können wir sehen, dass sich mit der Zeit andere Möglichkeiten ergeben, welche unserer neuen Persönlichkeit gerechter werden.

Hoffnungslosigkeit

Manchmal erscheint uns alles grau und schwarz. Wir sehen keine Hoffnung. Situationen, die wir verändern möchten, bleiben trotz unserer Bemühungen bestehen. Wir kämpfen uns durch den Alltag. In solchen Augenblicken bleibt uns nur der Glaube, dass es irgendeinmal anders werden wird und nichts im Leben ewig dauert. In jedem Augenblick verändert sich etwas. Doch wir können es nicht immer erkennen. Irgendwann wird es auch im Äußeren erkennbar und verändert sich auch auf der physischen Ebene. Wichtig ist, dass wir in solchen Situationen der Hoffnungslosigkeit nicht aufgeben in unseren Bemühungen, etwas zu verändern. Manchmal ist es auch nicht der Moment, dass wir aktiv werden, sondern unseren täglichen Pflichten nachgehen und darauf vertrauen und bitten, dass sich etwas ändern wird. Diese Phasen gehen häufig etwas grundlegend Neuem voran, das auf uns zukommt. Wir befinden uns in der Phase der Verwirrung. Das Alte ist immer noch da, aber nicht mehr in vollem Ausmaß. Es ist im Begriff des Vergehens und das Neue ist noch nicht in unser Leben getreten. Vertrauen wir darauf, dass eine Phase unseres Lebens zu Ende geht und etwas Neues, welches unserer Entwicklung mehr entspricht, in unser Leben treten wird. Halten wir die Unsicherheit aus und vertrauen wir weiter darauf, dass das Richtige im geeigneten Moment zu uns gelangt. Halten wir uns nicht zu sehr mit Gedanken des Zweifelns und der Verwirrung auf und versuchen nicht, etwas herbeizuzerren, das noch am Entstehen und scheinbar noch nicht reif für uns ist, da es noch nicht in unser Leben getreten ist. Visualisieren wir, was wir in unserem Leben möchten, beten darum, dass es in unser Leben treten wird, und lassen es dann los. Konzentrieren wir uns in solchen Zeiten nicht zu sehr auf die Verwirrung, sondern auf die harmonischen, schönen Sachen, die uns umgeben, wie die Natur in ihrer unendlichen Schönheit. Hadern wir nicht zu sehr mit dem Schicksal und versuchen, einen gewissen Gleichmut zu bewahren und zu erkennen, wann der Moment gekommen ist, in dem wir aktiv werden müssen. Dieser kommt bestimmt.

Menschen helfen

Sobald wir einen Zugang zu den geistigen Ebenen gefunden haben, welcher stabil ist, werden wir vom Leid der anderen nicht mehr heruntergezogen. Es gelingt uns, in unserer Schwingung zu bleiben und echte Hilfe anzubieten. Wir können als Brücke zwischen Himmel und Erde wirken. Wir stellen uns als Kanal zur Verfügung. Zudem verzichten wir darauf zu werten. Unser Urteilen verschwindet und wir beginnen, die Leute anzunehmen, wie sie sind. Unser Ego ist nicht mehr involviert. Dieser Zustand ermöglicht es uns, lichte und heilende Energie durch uns fließen zu lassen und diese den Mitmenschen zur Verfügung zu stellen, damit sie nicht in der Schwere der physischen Welt versinken und eine Ahnung von etwas Größerem als dem physisch Wahrgenommenen bekommen. Solange wir selbst mit unserem Ego kämpfen, können wir nicht die volle Heilkraft durch uns fließen lassen und wir werden partiell immer wieder auch heruntergezogen. Lassen wir alles los und öffnen uns vertrauensvoll der geistigen Welt, dann können wir mehr und mehr zu Lichtwesen werden. Unser Wirkungsfeld wird sich vergrößern und wir können mehr und mehr Licht zur Heilung durch uns fließen lassen und sie Menschen, die sie benötigen, zur Verfügung stellen. Unser Verstand wird mehr und mehr in den Hintergrund treten und an dessen Stelle wird das Wahrnehmen treten, welches uns geistig schneller wachsen lässt. Wir werden mehr im Licht wandeln und uns leichter und energievoller fühlen.

Kunst des Lebens

Es ist eine Kunst, das zu lieben, was wir haben, und nicht, was wir nicht haben. Wenn wir uns immer auf das konzentrieren, was wir nicht haben, sind wir unglücklich. Dennoch brauchen wir Visionen, was sein könnte. Die Kunst ist, sich mit diesen nicht das gegenwärtige Leben zu vermiesen und das zu genießen, was wir haben. Seien wir dankbar für alles, was uns das Leben im Moment bietet, und behalten wir unsere Ziele im Auge. Manchmal bemühen wir uns, etwas zu verändern, und gleichwohl schaffen wir es nicht. Es ist nicht der Moment und wir können nicht mehr tun, als dies zu akzeptieren. Diese Rahmenbedingungen sind als gegeben zu nehmen und gleichwohl ist der richtige Moment zum Handeln abzuwarten. Im Moment des Akzeptierens können wir weiter an unserer Vision arbeiten, sie in uns weiter verfeinern und uns klar werden, was wir zukünftig wollen, damit wir uns weiterentwickeln können. Dies ist die Kunst des Lebens. In dieser Balance gelingt es uns, nicht dauernd unglücklich zu sein und dennoch nicht unsere Visionen aus den Augen zu verlieren. Den Moment zu leben und nicht zu denken: Wie wäre es, wenn …? Wir lassen viele Momente in unserem Leben an uns vorbeigehen und machen nicht das Beste daraus, weil wir mit unseren Gedanken irgendwo in der Vergangenheit oder der Zukunft sind. Das Einzige, was jeweils für uns zählt, ist der Moment, in welchem wir physisch etwas leben können. Schlussendlich ist es unsere Entscheidung, was wir mit unseren Rahmenbedingungen erreichen und ob wir glücklich damit werden oder nicht.

Im Fluss sein

Wenn das Leben nicht so verläuft, wie wir es uns vorstellen, neigen wir dazu, uns dagegen zu stellen. Wir hadern mit dem Schicksal und sind nicht mehr im Fluss. Dies bewirkt, dass wir uns von der Lebensenergie abschneiden und gegen den Lebensstrom schwimmen. Wir können manchmal nicht verstehen, wieso sich das Leben nicht nach unseren Vorstellungen entwickelt. Wir sind verletzt und traurig. Je schneller wir uns mit einer Situation abfinden und positiv dazu stehen können, umso besser. Vielleicht sehen wir zu einem späteren Zeitpunkt den Grund dieses Geschehens und können aus einer umfassenderen Sicht den Sinn verstehen. Doch im Moment des Geschehens bleibt uns oftmals nichts anderes übrig, als loszulassen und sich wiederum dem Lebensstrom zu öffnen und Neues in unser Leben hereinzulassen, indem wir das Gegebene akzeptieren. Je schneller uns das gelingt, umso besser für uns und unser Seelenheil. Ansonsten kann es passieren, dass wir in einem Energiestau sitzen und möglicherweise auch nicht offen dafür sind, dass das Leben sich weiterentwickelt.

Liebe kommt, Liebe geht

Die Liebe kommt und die Liebe geht. Wir können sie nicht herbeizaubern und wir können sie auch nicht festhalten. Am Anfang sind wir fasziniert von ihr und wünschen uns nichts Sehnlicheres, als den geliebten Menschen immer um uns zu haben. Wir sehen die Person in den schönsten Farben. Sehen, was alles im besten Fall in ihr stecken würde, bis wir im Laufe der Zeit feststellen, dass nicht alles Gold ist, was glänzt. Es macht sich die Ernüchterung bei uns breit. Wir fühlen uns teilweise betrogen und auch enttäuscht. Langsam bröckelt der Lack ab und wir erkennen Dinge, die nicht mehr zu unserem ursprünglich wahrgenommenen Bild passen. Wir fangen an, uns zu strecken. Doch dies können wir nicht unendlich. Wenn es eine zu große Distanz zu dem hat, was wir möchten und wünschen, bröckelt mit der Zeit die Liebe ab und wird stückchenweise immer kleiner. Dieser Prozess ist mitunter ein schmerzhafter und die anfängliche Glückseligkeit wandelt sich in Leiden. Wir ringen mit uns und der Liebe und irgendwann fällt die Münze, welche auf die Seite Liebe gefallen ist, auf die Seite Trennung. Je öfter uns dieses Bild präsentiert wird, desto mehr entfernen wir uns von der Liebe und sie sich von uns. Wenn sich dies über längere Zeit wiederholt, steht am Ende das unausweichliche Aus der Beziehung. Das Schöne ist verblasst und übrig bleibt nur noch die Leere. Im besten Fall kann sich daraus nachträglich eine Freundschaft entwickeln, welche jedoch auf einer anderen Ebene als derjenigen der Liebesbeziehung zwischen zwei Menschen weiterlebt. Damit kann die jahrelange Erfahrung und Nähe in etwas Fruchtbares, die Zeit Überdauerndes, münden. Wann die Liebe kommt und wann die Liebe geht, können wir nicht bestimmen. Der Prozess der Trennung findet vor dem Ende statt und kann möglicherweise durch uns beeinflusst werden. Schön ist es, wenn wir uns am Schluss dankbar für die ermöglichte Entwicklung und das Gelernte von der Liebesebene mit einem geliebten Menschen verabschieden können. Manchmal ist dies jedoch nicht möglich und wir sind voller Hass und Bitterkeit, bis wir das Ganze einigermaßen verarbeitet haben. Auch solche Phasen können nicht übersprungen werden und müssen von uns gelebt und verarbeitet werden. Lieben ist auch immer wie ein kleines Sterben des eigenen Egos. Geht die Liebe dann schlussendlich von uns fort, kommt es wiederum zu einem Sterben eines Teiles, der uns möglicherweise über längere Zeit begleitet hat. Dies führt dann zum Leiden, vor allem, wenn wir die Trennung nicht bewusst initiiert haben und verlassen werden. Dies gehört zum Menschsein und beinhaltet – wie alles im Leben – den Anfang und das Ende. Es ist mit Werden und Sterben gleichzusetzen. Das gesamte Leben ist in diesem Prozess eingebunden, im Mikro- wie im Makrokosmos. Es ist ein sich immer wiederholender Prozess.

Vertrauen und nochmals Vertrauen

Das Leben fordert uns in vielerlei Hinsicht heraus. Wir sind immer wieder dazu aufgefordert, uns dem Leben vertrauensvoll zu öffnen. Vor allem, wenn sich das Leben nicht nach unseren Vorstellungen entwickelt, können wir unser Vertrauen an das Gute im Leben unter Beweis stellen. Gelingt es uns, dem Leben immer wieder eine gute Seite abzugewinnen, können wir auf ein glücklicheres Leben zurückblicken. Unser Lebensgefühl hängt hauptsächlich davon ab, wie wir uns auf eine Situation einstellen. Auch wenn es uns nicht immer gelingt, dem Leben etwas Positives abzugewinnen, können wir uns doch immer wieder von Neuem darum bemühen. Vielfach können wir die Umstände nicht einfach verändern. Wir können lediglich unsere Einstellung dazu verändern. Nehmen wir diese Arbeit auf uns und gewinnen immer mehr an Glückseligkeit und Leichtigkeit in unserem Leben. Wir können es anhand von Lebenssituationen immer wieder üben. Lassen wir unsere Gefühle nicht immer wieder durch äußere Umstände beeinflussen und uns aus der Balance bringen. Ruhen wir in uns selbst, bringen wir immer mehr Gelassenheit in unser Leben und können uns innerlich immer mehr entspannen. Aus dieser Ruhe heraus gelingt es uns auch besser, schwierige Situationen in unserem Leben zu meistern und zuerst für uns, dann auch für andere, einen Ruhepol darzustellen. Schlussendlich erkennen wir, dass das wirkliche Sein im Inneren stattfindet. So können wir den äußeren Stürmen mit Flexibilität begegnen. Bleiben wir den äußeren Umständen gegenüber geschmeidig und bewegen uns im Fluss der Zeit mit fester Verwurzelung in unserem inneren Kern. Aus dieser Gelassenheit wird es uns auch gelingen, mehr und mehr äußere Wogen zu glätten und Lebensumstände anzuziehen, die harmonisch sind und in sich eine Balance ausstrahlen. Wie innen, so außen. Erkennen wir das Leben als Spiegel unserer Seele, fließen mit diesem Strom und stellen uns nicht dagegen. Dies verhilft uns zu einem größtmöglichen Erkennen und Wachsen unseres Selbst. Vergessen wir trotz all diesem nicht, das Ganze und uns selbst nicht immer ganz so ernst zu nehmen, auch zu feiern und zu lachen sowie die Leichtigkeit des Seins zu leben und zu versprühen.

Zeitausdehnung

Wenn es uns gelingt, das Leben im Moment zu leben, können wir die Zeit ausdehnen. Wir haben plötzlich viel mehr Zeit zur Verfügung. Mühsam erlebte Dinge, zu wenig Zeit haben, alle diese Probleme verschwinden. Es gelingt uns, alle Energie auf das Hier und Jetzt auszurichten. Es ist unglaublich, um wie viel entspannter und problemloser wir durch das Leben gehen können. Wir können sogar im Moment selbst die Zeit ausdehnen, damit wir noch mehr Zeit haben. Dies alles gelingt uns, wenn wir uns nicht mehr mit den Wertungen aufhalten. Alles, was uns begegnet und was uns das Leben bietet, lassen wir, sobald wir keine Widerhaken mehr in uns selbst haben, durch uns durchfließen. Wir sind nicht mehr Sklaven unseres Denkens. Beispielsweise halten wir uns nicht mehr auf, indem wir uns dauernd fragen, was jemand gesagt hat und wieso uns das verletzt hat. Mit solchen Denkspielen sind wir nicht im Moment und verlieren Energie für andere Dinge. So können wir uns auch besser darauf konzentrieren, was wir wirklich wollen im Leben. Es ist jedoch unabdingbar, dass wir offen sind und auch alles ohne Wertung entgegennehmen.

Wie gelingt es uns, in diesen Lebensfluss zu kommen? Je weniger Widerhaken, sprich Muster, wir in uns haben, desto besser können wir mit dem Leben fließen. Diese Muster machen sich immer wieder bemerkbar. Wir können dies beobachten, indem wir immer wieder Menschen und Situationen anziehen, die solche Muster auslösen. Daran können wir erkennen, woran wir arbeiten müssen. Seien wir unserer Umwelt dankbar, dass sie uns einen Spiegel vorhält. Bleiben wir aber nicht länger Sklaven unserer Muster. Durch diese Muster verlieren wir Energie, die uns zur Bewältigung der im Moment gestellten Aufgaben nicht zur

Verfügung steht. Zudem sind wir immer entweder in der Vergangenheit oder in der Zukunft. Dadurch sind wir weniger in der Balance und können auch die Synchronisation mit dem Moment nicht in uns wahrnehmen. Dies führt dazu, dass wir energieloser sind und uns damit weniger glücklich und ausbalanciert fühlen. Gebrauchen wir also alle möglichen Hilfsinstrumente, die uns geboten werden, damit wir in diesen Fluss kommen. In einem ersten Schritt geht es darum, diese Muster in uns aufzulösen. Sobald diese weggefallen sind, spüren wir immer deutlicher, wie wir mit dem Leben mitfließen. Seien wir auch dankbar, dass wir im Außen immer wieder erkennen können, was wir in uns selbst haben. Fangen wir damit an, nicht mehr zu werten und uns auf die Botschaft in uns selbst zu konzentrieren. Diese Arbeit an uns selbst bringt uns mehr Freude und Fluss im Leben. Vergessen wir nie: Sobald wir uns selbst verändern, verändert sich auch unsere Umwelt, die unser Spiegel ist. Andere lassen sich durch uns sowieso nicht ändern und werden nur noch mehr an ihren Sachen festhalten, da sie sich durch uns gedrängt fühlen. Nutzen wir diese Energie für die Änderung an uns selbst und wir werden belohnt mit einem harmonischeren Mitfließen mit dem Leben.

Rückfall aus der Mitte

Es kann uns immer wieder passieren, dass wir aus unserer Mitte fallen. Alles scheint harmonisch und es gelingt uns über längere Zeit, in diesem Zustand zu verweilen. Plötzlich ergeben sich Ereignisse, die uns zurückwerfen, wir sind im Ungleichgewicht und hadern mit dem Schicksal. In solchen Momenten ist es wichtig, an der inneren Harmonie festzuhalten, mit unserem Bemühen fortzufahren, uns nicht zu lange in solchen disharmonischen Gemütszuständen aufzuhalten und uns wieder auf das Zentrieren zu konzentrieren. Wir werden dann feststellen, dass uns dies mit der Zeit immer leichter fällt. Sträuben wir uns auch nicht zu lange gegen das Leben, wenn es uns in eine andere Richtung bringen will. Halten wir auch nicht an alten Dingen fest, wenn sie nicht mehr unserer Energie entsprechen. So werden wir uns mehr und mehr im Fluss fühlen. Je nötiger ein Wechsel in unserem Leben ist und wir diesen nicht vollziehen wollen, desto drastischer wird uns das Leben in die neue Richtung zwingen müssen. Bejahen wir das Leben, bejahen wir die Veränderung und den Wechsel. Lassen wir dies zu, beginnen wir mehr und mehr mit dem Leben mitzuschwingen und zu vertrauen, dass alles für unsere Entwicklung zu unserem Besten geschieht. Dies werden wir jedoch unter Umständen erst im Nachhinein feststellen können. Aus diesem Grund sollten wir immer wieder vertrauen.

Schlusspunkt einer Beziehung

Wann ist der Schlusspunkt einer Beziehung gekommen? Wir wünschen uns manchmal, wir hätten einen anderen Partner. Dennoch gelingt es uns nicht, uns vom bisherigen Partner zu trennen. Wir fragen uns, wieso wir nicht Schluss machen können. Da Beziehungen in den meisten Fällen einen karmischen Aspekt beinhalten, werden wir diese nicht vor Auflösung des Karmas (Gesetz von Ursache und Wirkung) beenden können. Wir werden es vordergründig nicht verstehen. Doch können wir davon ausgehen, dass dieses unsichtbare Band uns anzeigt, dass wir noch etwas zu leben und lernen haben. Wenn dann der Moment gekommen ist, können wir uns von dieser Person trennen oder etwas von außen führt diese Trennung herbei. Die Beendigung einer Beziehung zeigt uns auf, dass wir weitergehen können und – karmisch gesehen – unsere Aufgabe erfüllt haben. Manchmal will ein Partner nicht loslassen und dies führt unweigerlich zu einem Seelenschmerz. Vertrauen wir auf die höheren Mächte und überlassen wir es diesen, uns den richtigen Weg zu zeigen. Sträuben wir uns nicht zu sehr, da hinter etwas Altem immer etwas Neues auf uns wartet. Ein neues Leben, das unserem heutigen Sein besser entspricht. Vertrauen wir auf dieses Bewusstsein, öffnen wir uns und lassen los. Wir werden erstaunt sein zu sehen, was uns das Leben Neues bringen wird. Vertrauen wir auch darauf, dass wir immer mit dem Passenden für uns umgeben sind. Lassen wir los!

Schlusswort

Je mehr wir im Lebensfluss leben, desto glücklicher fühlen wir uns. Wir leben nicht mehr nur in Mustern. Das Ego ist nicht mehr wichtig und die universellen Gesetze können durch uns wirken. Das Leben im Moment erfüllt uns mit ekstatischer Freude und wird spannender und aufregender. Alles im Leben wird als Entwicklung erkannt und kann freudig begrüßt werden. Es löst keine Blockaden mehr aus und kann sich demzufolge nicht mehr im Körper stauen. Der Körper mit seinen Energiepunkten (Chakren) wird als Resonanzsystem verwendet und schwingt mit seiner Umgebung mit. Es entsteht ein ekstatischer Tanz. Die Leichtigkeit des Seins und die Kunst des Lebens werden erlangt. In diesem Sinne wünsche ich allen Lesern dieses Buches die nötige Erkenntnis und Energie, dieses Ziel zu erreichen.

Verzeichnis der Übungen

Leben mit schweren, dunklen Energien;
Lichtaufnahme 19
Geistige Führung; Kontaktaufnahme 24
Schwere in Körper und Geist;
Energie- und Lichtaufladung 32
Sexualität; Einbezug von Körper, Geist und Herz 39
Das höhere Selbst; Balance
zwischen Aktivität und Passivität 63
Übernommene Muster; Auflösung von Muster 94
Lebensenergie tanken; Erhöhung unserer Energie 96
Energetisches System ausgleichen; Harmonisierung 98
Fortgeschrittenes Bewusstsein;
Verbindung mit allem 105
Leben im Moment; sich öffnen 108
Herbeiwünschen; Erfüllung von Wünschen 110
Energetisches System reinigen;
Energiezentren reinigen 113
Erweckung des Dritten Auges;
Verbindung weibliche und männliche Energien 114
Heilen; Benutzen von universeller Energie 116
Licht- und Farbenatmung; gezielte Förderung 117
Energie aufbauen; Vereinen von Energie 124
In die Leere gehen; Ausruhen im Geist 125
Die Leichtigkeit des Seins
und Verantwortung übernehmen; Loslassen 128
Blockaden auflösen mit Christusenergie;
Auflösung von Blockaden 135

Verzeichnis der Bilder

Aufnahme von Licht/Erhöhung der Energie 15
Geistige Führung 21
Freude leben 25
Liebe 29
Sexualität 37
Führung 45
Vergeben 51
Wahrnehmen von Energien 55
Das höhere Selbst 61
Sich vertrauensvoll öffnen 67
Sich einlassen 69
Erkennen des richtigen Weges/Führung 73
Gegenwart/Vergangenheit/Zukunft 77
Das Leben 79
Vervollkommnung 83
Verbinden mit der göttlichen Ebene 87
Akzeptieren 91
Lebensenergie tanken 95
Energetisches System ausgleichen 97
Erkennen des Richtigen 103
Leben im Moment 107
Energien integrieren 111
Heilen 115
Vertrauen 119
Energie aufbauen 123
Die Leichtigkeit des Seins
und Verantwortung übernehmen 127
Schicksal 133
Immer wieder vertrauen 137
Zeichen deuten 141

Kunst des Lebens 147
Vertrauen und nochmals Vertrauen 153
Zeitausdehnung 157

Glossar

Zum besseren Verständnis werden nachfolgend einige Begriffe, die im Buch immer wieder erwähnt werden, näher erläutert:

Energiezentren (Chakren):

Auf einer nichtphysischen Ebene besteht unser System aus Energie. Dieses energetische System besitzt verschiedene Energiezentren, die auch Chakren genannt werden.

- **Wurzelchakra:**
Dieses Energiezentrum befindet sich am Wirbelsäulenanfang und ist für unsere physischen Empfindungen wie Lust und Schmerz sowie für die Verankerung mit der physischen Ebene maßgebend. Die Farbentsprechung ist Rot.

- **Sakralchakra:**
Dieses Energiezentrum befindet sich ca. eine Handbreite unterhalb des Nabels und spricht unser Gefühlsleben an. Die Farbentsprechung ist Orange.

- **Nabelchakra:**
Dieses Energiezentrum befindet sich ca. eine Handbreite oberhalb des Nabels (Solarplexus) und betrifft den Intellekt. Die Farbentsprechung ist Gelb.

- **Herzchakra:**
Dieses Energiezentrum befindet sich in der Herzgegend und repräsentiert unsere Liebesfähigkeit. Die Farbentsprechung ist Rosa.

- **Kehlchakra:**

Dieses Energiezentrum befindet sich im Kehlbereich und spricht die Kraft des Wortes an. Die Farbentsprechung ist Grün.

- **Drittes Auge:**

Dieses Energiezentrum befindet sich zwischen den Augenbrauen. Es ist für die Wahrnehmung der energetischen Ebene zuständig. Die Farbentsprechung ist Blau.

- **Scheitelchakra:**

Dieses Energiezentrum befindet sich auf unserem Scheitel. Es verbindet uns mit der spirituellen Ebene. Die Farbentsprechung ist Violett.

Die in diesem Buch verwendeten Bilder und weitere Bilder sind bei der Autorin unter E-Mail Adresse dorisgraf_buch@hotmail.com zu erwerben.

Die Autorin

Doris Graf ist Master of Advanced Studies in Controlling mit Executive MBA-Abschluss, ausgebildete Yogalehrerin und Diplom-Astrologin. Seit vielen Jahren ist sie in Führungsposition in einem Konzern tätig. Das Schreiben, die Spiritualität und Malerei begleiten sie ihr ganzes Leben lang. Das Nebeneinander von materieller Erwerbstätigkeit und die Auseinandersetzung mit geistigen Ebenen erzeugen Synergien bei Doris Graf. Dies bedeutet für sie Verbundensein mit allen Ebenen und gleichzeitig das Weitergeben eines Teils ihres Innersten.

Der Verlag

novum VERLAG FÜR NEUAUTOREN

„Semper Reformandum", der unaufhörliche Zwang sich zu erneuern begleitet die novum publishing gmbh seit Gründung im Jahr 1997. Der Name steht für etwas Einzigartiges, bisher noch nie da Gewesenes.
Im abwechslungsreichen Verlagsprogramm finden sich Bücher, die alle Mitarbeiter des Verlages sowie den Verleger persönlich begeistern, ein breites Spektrum der aktuellen Literaturszene abbilden und in den Ländern Deutschland, Österreich und der Schweiz publiziert werden.
Dabei konzentriert sich der mehrfach prämierte Verlag speziell auf die Gruppe der Erstautoren und gilt als Entdecker und Förderer literarischer Neulinge.

Neue Manuskripte sind jederzeit herzlich willkommen!

novum publishing gmbh
Rathausgasse 73 · A-7311 Neckenmarkt
Tel: +43 2610 431 11 · Fax: +43 2610 431 11 28
Internet: office@novumverlag.com · www.novumverlag.com

Bewerten Sie dieses Buch auf unserer Homepage!

www.novumverlag.com